この1冊でわかる！
M&A
実務の
プロセスとポイント

はじめてM&Aを担当することになったら読む本

第2版

一般財団法人
日本M&Aアドバイザー協会 編
大原達朗　松原良太　早嶋聡史 著

中央経済社

第2版の刊行にあたって

日本M&Aアドバイザー協会（JMAA）では「誰にでもわかるM&A入門セミナー」というセミナーを10年間以上にわたって開催してきました。

「多くの方にM&Aを親しんでもらおう」「少しでも戦略の役に立ってほしい」「M&Aは大企業だけのものではない」

そんな気持ちでこのセミナーを続けてきましたし，より実践的にM&A実務を学ぶ「M&A実務スキル養成講座」も10年間以上にわたって開催しつづけています。

この10年間，M&Aを取り巻く環境は大きく変わりました。M&Aの成約件数は増え，国のサポートも増えています。しかし，私には腹落ちしていないことがあります。

「M&Aをしてよかった，と心から感じている人や法人がどれだけ増えているのだろうか」「M&A取引をサポートして本当によかったと感じているアドバイザーはどれだけ増えているだろうか」

このようなことです。もちろん好条件で事業を売却し，買収した側も買収対象会社を成長させ，買い手の投資としても大成功をした，という事例もいくつも知っていますが，それらは全体のうちのごく僅かです。

そもそもM&Aというものはハイリスク・ハイリターンの性質を持つものです。別の事業を買ってきて，これまでの以上の価値を出さないといけないわけですから，簡単ではありません。そもそもハイリスクの取引だからこそ，実務で必要なことを知り，少しでもリスクを抑えるようにしなくてはいけないはずです。

それにもかかわらずM&Aの基本を押さえておらずに業者に丸投げをして，後悔をする方も少なくありません。

そうならないよう自ら基本的な情報，知識を知っていただくことがM&A成功の第一歩になるはずです。

実際，M&Aに取り組む場合にはいくらでも専門家に頼ることができます。しかし何がわからないかすらわからない状態の方がほとんどです。

本書では細かい論点にはあえて触れず，M&A実務の全体像のとらえていただくことに主眼をおきました。読後，何がわからないのか，そのわからないことにどのように対処すべきかが少しでもつかめるようになっていただきたいと思いながら著しました。

改訂にあたっては上記の趣旨達成のために，あらたな情報を追加し，読者の皆さんの理解をしやすいように説明方法を一部改めました。

本書のサブタイトルにもあります「はじめてM&Aを担当することになったら読む本」として，ずばりこれからM&Aを担当する，関わることになった皆さんのお役に立てれば幸いです。

2022年3月

一般財団法人日本M&Aアドバイザー協会

代表理事　大原達朗

はじめに

M&Aは長い間，大企業だから可能なものであって，いわゆる中小企業には無関係のものだと考えられてきました。

後継者不足による事業承継の問題を解決するために，M&Aの有効活用も期待されています。また，新しいビジネスを作り出す起業家のExitの方法として，株式上場（IPO）だけでなく，M&Aにさらに注目が集まっています。

M&Aに注目が集まるようになった結果，自分の会社でもM&Aができるのではないか，また，M&Aアドバイザリー事業を新規事業として取り組む，あるいは独立開業してM&Aアドバイザーとして活躍したい，と考えられる方も増えてきました。

日本M&Aアドバイザー協会（JMAA）では，「誰にでも分かるM&A入門セミナー」，「M&Aアドバイザー開業養成講座」，そして「組織内M&A担当者養成講座」といった講座を通じ，特に中小企業やM&Aアドバイザーを目指す企業，経営者に向けて情報発信を進めてまいりました。おかげさまで多くの皆さんから高い評価をいただいております。

日本におけるM&Aの成約実績は年間2,500件から3,000件程度，一方で年間7万以上のビジネスが後継者不足で廃業をしています。日本におけるM&Aマーケットはまだまだ未整備の状況といってよいでしょう。JMAAでは日本国内で1,500人のM&Aアドバイザーを育成，配置，そしてネットワーキングを目指しています。また，多くの経営者の方に自社でもM&Aの可能性が十分にあることを知っていただきたいと考えています。

そのためには，実際のM&Aがどんなプロセスを経て実施されるのか，一連の流れをつかんでおくことが近道です。また，会社を売買する経営者，担当者，そしてM&Aアドバイザーはたった1人ですべての業務を完遂することはなく，多くの専門家や関係者と協力しながら，作業を進めていきます。そこで本書では，これから本格的にM&Aを検討されている方，あるいはアドバイザー業務への参入を検討されている方に対して，M&A業務の流れを理解していただくことを目的として執筆しました。また，それぞれの業務の中で，特にどんな点に注意していただきたいかという点をポイント!というコラムでまとめてみました。このポイントに注目しながら本書を読み進めていただくことによって，ポイントを外さずに内容を理解していただくことが可能になるでしょう。

本書がこれからM&Aに本格的に取り組んでいただく読者の皆さんのお役に立てれば幸甚です。

2014年12月

一般財団法人日本M&Aアドバイザー協会
代表理事　大原達朗

目　次

第2章　M&Aアドバイザー／25

第3章　M&A戦略／45

第4章　M&Aのスキーム／71

第5章　バリュエーション／89

第6章　トップ面談・交渉／123

第7章　意向表明と基本合意／133

第８章　デュー・デリジェンス（買収監査）／145

第９章　最終譲渡契約書の締結とクロージング（決済）／157

第10章　P M I ／177

序章
変動の時代の M&A

1 変わりゆく M&A

本書の初版が出版された 2014 年から今回の第 2 版が発行される 2022 年までに M&A の環境は大きく変化しました。プラットフォームや国が運営する事業引き継ぎ支援センターなどの存在感が増し，M&A の成約件数は堅調に増加してきています。

皆さんにとっても，少しずつ M&A が身近なものに感じられるようになってきたのではないでしょうか。

これは喜ばしいことではありますが，M&A は決して簡単で，リスクの低い取引ではありません。

経営者，管理職の方であればすぐに理解していただけると思いますが，自分の会社のスタッフ，社員にしっかり指示を行き渡らせることも簡単ではありません。買収したら，これまで縁もゆかりもなかったメンバーと一緒に仕事をすることになるわけで，このこと 1 つとってもM&A の大変さは理解できると思います。

だからといって，M&A は決して避けるべきものではなく，その特性を理解し，有効に活用すれば，効果は非常に大きいものです。

だからこそ投資銀行をはじめ，M&Aの業界にはM&Aアドバイザーといわれる業者がたくさん存在し，ビジネスとして成長しているわけです。同じように見えても，彼らにはいろいろなタイプがあります。また，取引金額の大小によって，得意・不得意があったりします。個人M&Aと呼ばれるような取引金額の非常に小さいM&Aでは，報酬が十分に払えないため，M&Aアドバイザーを利用できないこともあるかもしれません。

いずれにしても，これからM&Aにかかわる皆さんは，まず全体像を知る必要があります。細かい点については，相談に乗ってくれる専門家はいくらでもいます。

だからこそ，「M&Aっていうのはこういうことなんだ」ということを理解し，どんなことを誰に相談すればよいのか，という判断をご自身で責任を持ってできることが大切だと思うのです。専門家や業者はうまく使ってナンボ，です。自分が理解していないことを丸投げすることはよい結果にはつながらないのです。

2 国のM&Aに対する対応

こうした環境の中，国としても経済産業省，中小企業庁が中心となり，特に中小企業M&Aに対してさまざまな取り組みをしています。2020年3月31日には，「中小M&Aガイドライン[1]」を公表し，中小規模のM&Aについての注意点，事例など公開しています。

国としても，M&A取引，とくに中小M&Aが浸透していくことは歓迎

1　中小M&Aガイドライン：
https://www.meti.go.jp/press/2019/03/20200331001/20200331001.html

でしょうが，一方でトラブルも発生していることから，注意喚起を行っています。中小M&Aガイドラインはボリュームも厚く，重要な事柄も多く収録されているので，ぜひ目を通していただきたいのですが，その内容の多くは，本書でも初心者の方にもわかりやすく説明をしています。巻末（p.215）で本書と中小M&Aガイドラインの対応関係を明示しましたので，参考にしてください。

中小M&Aガイドラインに続き，2021年4月30日には「中小M&A推進計画[2]」が発表され，事業承継引継ぎ支援センターとM&A支援機関の連携強化，自主規制団体の設立，M&A支援業者の登録制などに取り組むことが国から発表されました。実際に，2021年8月24日にM&A支援業者の登録が開始されました。

この背景には，急激に成長している中堅・中小企業のM&A業界において，稚拙なアドバイザリー業務が提供されていること，以前から論点になっている仲介業務の妥当性，また専任契約問題，FA契約におけるテール条項の存在など，国としても見過ごせない問題として把握していることが多いからに違いありません。

また，一方でこれらの行政の動きは，M&Aの当事者である売り手および買い手に対する注意喚起の側面もあると思います。

M&Aはその理由・動機はいかなるものであっても，当事者にとって非常に重要な戦略であることは間違いありません。

たとえば，M&A以外の重要な戦略を実行するにあたり，外部に丸投げするでしょうか？　準備・学習・計画をして，丸投げではなく不足している部分を外部委託するのではないでしょうか。

2　中小M&A推進計画（概要）：
https://www.chusho.meti.go.jp/koukai/kenkyukai/shigenshuyaku/2021/210428shigenshuyaku02.pdf

そして，M&Aにはいわゆる業法（弁護士法，宅建業法など国が特定の業種について定める法律）が存在していません。つまり，誰でも知ることのできる明確なルールがあるわけではありません。

だからこそ，当事者として，M&Aにかかる最低限のことは自ら準備・学習して欲しい，その一助として，中小M&Aガイドラインなどを活用して欲しいとの意図もあると思います。

3 中小M&Aガイドラインと本書の対応関係

中小ガイドラインは，国がM&Aアドバイザーや各種専門家（以下，「支援機関」という）に遵守を求める内容になっているので，本書とは内容がやや異なっています。巻末（p.215）に本書と中小M&Aガイドラインの対応関係を一覧表にしました。

本書では，中小M&Aガイドラインでとりあげている支援機関については，あまり言及をしていません。本書はサブタイトルにもあるとおり，「はじめてM&Aを担当するようになったら読む本」であり，いわゆる専門書ではありません。これからM&Aを始めることになった方にM&A実務の全体像をつかんでいただくことを主目的としています。したがって，中小M&Aガイドラインには記載があまりないけれども，本誌では紙面を割いている部分にもぜひ注目をしていただきたいと思います。また本誌で全体像をつかんだあとに，中小M&Aガイドラインをお読みになることもお勧めします。

4　買い手，売り手が主体的に相手を探す必要性と手法

第11章でも触れていますが，新型コロナウイルスの影響を受けつつも，M&Aの成約件数は増加してきています。しかし，その数はおよそ4,000件であり，300万あるとされる事業者数と比較すると圧倒的に少ないことも事実です。

その中で，買い手や売り手を探そうとすれば，仲介業者からの情報を待ったり，マッチングプラットフォーム（M&Aマッチングサイト）を閲覧したりするだけでなく，自ら主体的に相手を探すことも忘れてはいけません。具体的には以下のようなことが想定できます。

自分の会社回りで，自社が買収したり，業務提携したりすることにより，業績をアップさせることができる会社があるのかを探してみてください。ここで大切なことは，業務提携や買収後に何をして業績を向上させるか，あるいは改善できる具体的な方法を，明確にイメージできる先を探すのです。条件が合えば買収を検討することになるでしょうし，合わなければ，"もし買収できたとしたら，一緒にやろうとイメージしたこと"をその会社と実現できるよう働きかけていけばよいのです。そうした取組みの結果，2～3年間一緒に仕事をすれば，お互いのことをよく知ることができます。その段階であらためてM&Aや事業承継の交渉をするという選択肢もあってよいでしょう。

5　マッチングプラットフォームの効率的な利用の仕方

近年，マッチングプラットフォームとしてインターネット上での売り手，

買い手の情報交換ができる場が増えてきました。図表序－1はその例ですが，これ以外にもたくさんのマッチングプラットフォームが存在しています。

注意点としては，M&Aアドバイザーの有無です。M&Aアドバイザーの利用が必須でない場合，コストは安くなりますが，トラブルになる可能性も多くあります。また，M&Aアドバイザーがついていても，そのアドバイザーの経験や力量が不十分であることも少なくありません。アドバイザーの質を見極めるためには，自らにM&Aについての知識をつける必要があります。

そして，マッチングプラットフォームを利用する最大のメリットは，売り手やM&Aアドバイザーが想像しない相手からも関心を持ってもらえる可能性があるということです。売り手やM&Aアドバイザーは業務上，地域的な関連性があったり，シナジーを十分得られそうな先を交渉候補先として，検討を進めていきます。マッチングプラットフォームは売り手の関心とは別に広く買い手とのコンタクトをとれますので，こちらが思いもしなかった先とのマッチング，出会いがあるという点が最大のメリットで

図表序－1　マッチングプラットフォーム

プラットフォーム名	特　徴	留意点
トランビ	• 中小企業特化のマッチングサイト • 売り手から買い手に直接打診可能	• 基本的にすべての手続と交渉を自身で行う
バトンズ	• 上場企業グループ会社が中小企業特化のマッチングサイトを運営	• 完全無料で売却する場合は専門家のサポートを別途有償で受ける必要あり
ビズリーチ・サクシード	• 買収意欲が高い買い手と出会える可能性が高い	• 売り手と買い手の双方が登録する際の審査が必要

あるといってよいでしょう。

これは買い手からするとM&Aアドバイザーからの情報に加えて買収対象企業の情報を入手できる有効な手段になります。

6　業務提携から始めるM&Aの重要性

自ら，売り手・買い手を探すといっても，いきなり見ず知らずの会社に行って，「ウチの会社を買ってください」「貴社を買収させてください」などと持ちかけたとしても通用するはずがありません。そんなことをすれば，出入り禁止になることは間違いなく，下手をすれば大喧嘩になる可能性もあります。

皆さんの中にはM&A仲介会社から「貴社と資本業務提携に関心のある企業がありますので，ぜひ話を聞いてください」という趣旨のDMを受け取られた経験のある方も多いのではないかと思います。

こうした案内はほとんどは無視されてしまうのでしょうが，時々「それでは話だけは聞いてみよう」と反応される経営者もいらっしゃいます。しかし，M&A業者に問い合わせをしてみると，個別・具体的な相手先がいるわけではなく，たとえば「東海地区の年商10億円程度の物流業がほしい」というざっくりした要望があり，それに該当しそうな企業としてリストアップされたのでDMが送られてきたにすぎない，というレベルのことが多く，経営者がM&Aに対してネガティブな感情を持ってしまう原因にもなっています。

年間4,000件程度のM&Aが成約しているということはすでに述べましたが，このうち，皆さんが想像する「支配権の異動を伴う」M&Aはおよそ半分です。言い換えると，資本提携，つまり株式を引き受けているものの，議決権の50%超を確保しているわけではないのです。

これはすなわち，4,000件という極めて少ないM&Aの年間成約件数の中でもさらに半分は，いきなり支配権の異動を伴ういわゆる「買収」をしているわけではないということを意味しています。まずは少数株主として資本関係を持ち，実際に業務を動かしながら，信頼関係を構築し，双方にとってメリットがあれば次に進む，ということが実践されているわけです。

このことを知ると，「いきなり買収」だけが選択肢ではないことがわかるはずです。場合によっては業務提携から始め，必要に応じて資本提携，支配権の異動（いわゆるM&A），と進んでいけばよいことがわかります。

そもそも買収というのは，買い手が対象会社を使って，「何か」をやり，その結果，バリューアップをさせていくもののはずです。その何かは，共同購買や営業，場合によっては技術の利用かもしれません。支配権の異動を伴うM&Aであれば，買い手は自分の好きなようにできます。しかし，M&Aは相手があることですから，自分たちの思うように進まないことも多いのです。それであれば，いきなり買収ではなく，「何か」を実現するための業務提携から始めてもよいはずです。

たとえば共同購買であったり，営業協力，技術供与であれば通常の営業活動ですから，堂々と交渉や提案をしていけばよく，そのなかからM&Aに交渉が進んでいく，という流れもできて不思議ではありません。

7 ドンキホーテによる業務提携，段階的な資本提携から買収に至る事例

前節では，業務提携から始めて，実際に事業を共に実行してみてから買収をすることの重要性について説明してきました。ここでは，皆さんもよくご存じのドン・キホーテ（正確には，株式会社パン・パシフィック・インターナショナルホールディングス（PPIH），以下，「ドンキ」）がユニー

というスーパーマーケットと業務提携をし，最終的に買収に至った事例をご紹介します。

まず，大きな流れの整理です。以下の 3 つのパートに分けてドンキはユニーを 100％買収するに至りました。

① ドンキはユニーの 40％株式を取得。関連会社とした。
② 試験的にユニーの 6 店舗をドンキとの統合店舗へ転換した。
③ ②の成功を見て，100％買収へと移行した。

図表序－2　ドンキによるユニー買収のスキーム

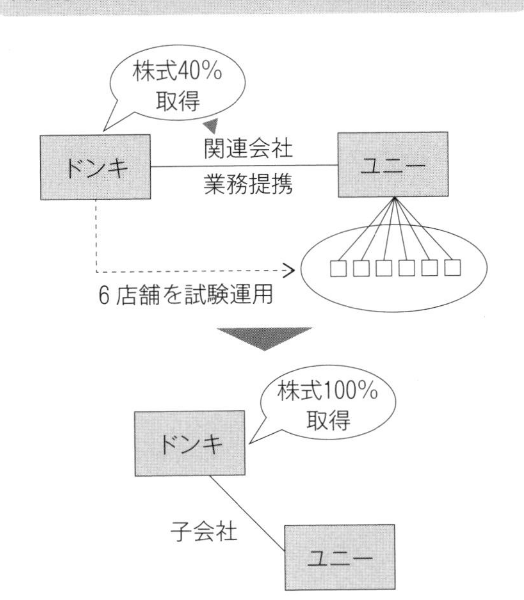

このスキームにはさまざまな背景があったはずですが，誰にとっても参考になるやり方です。

完全に買収をいきなりされるのも，するのも不安があり，リスクが大きく，なかなか決断できません。

おそらく，ユニーが運営する，アピタ，ピアゴというスーパーマーケットをドンキに変えよう，という提案もあったのではないかと思います。買収されるだけでも不安なのに，それほど大きな変化があると，なかなかユニーとしてもOKを出しづらかったのではないでしょうか。

そこで，ドンキはいきなり全額出資，つまり100％買収するのではなく，支配権も及ばない比率での出資をして，実際に統合のテストをしてしまうことにしたのでしょう。ユニーとしてもいきなりドンキの傘下に入ったり，子会社になるわけでもなかったので，受け入れやすかったはずです。

一方で買い手であるドンキは，完全買収の前に，統合のテストをすることができました。そのテストの結果を見て，買収を決めることができたわけです。この方法をとると，高い買収リスクを抑えることができます。売り手としても買収後，買い手がどんな経営をするのか，見極めることができます。シンプルですが，誰にでも参考になる方法です。

こうした方法は，いわゆるファイナンシャル・アドバイザー（以下，「FA」という）がついているとなかなかうまくいきません。FAは対象案件の売買金額で報酬が決まることがほとんどですので，このドンキの事例のように，売買金額が減ってしまうような提案を積極的にすることは多くないはずです。これはビジネスモデルの限界といってもよいでしょう。

したがって，買い手・売り手が自分たちで相手を探し，具体的な業務提携の方法を考え，お互いに交渉するという選択肢を持つことが重要なポイントだと思います。

ユニーからドンキに転換したアピタ・ピアゴの6店舗は，ドンキに転換した後，売上190％増になりました[3]。その他，ドンキ化しなかったア

3　IT media ビジネス online
https://www.itmedia.co.jp/business/articles/2002/07/news081.html

ピタ・ピアゴ店舗の業績が上がっているという情報もあります[4]。それだけの結果が出たからこそ，ユニーとしてもドンキのグループ会社になっても大丈夫，という安心感が生まれたことは間違いありません。

次に，スキームについてみてきましょう。実は，ドンキがユニーを買収する際に，ドンキとファミリーマート（以下，「ファミマ」という）の資本提携がありました。当時，ユニーの株式の残り60%はファミマが持っていたのです。したがって，ドンキはファミマから株式を買取る必要がありました。

大きな資金の流れとして，

1） ドンキからファミマ（ユニー株式60%買収代金として）282億円支払う。
2） ファミマからドンキ（持分法適用関連会社にするため，ドンキの株を20%強買い取る代金として）2,119億円支払う。

というお金の流れが想定され，ドンキはファミマの関連会社になるということでした。20%程度の出資では支配権は及びませんし，これでも十分にドンキに有利な取引条件であるように見えました。

その後，2020年3月期の有価証券報告書を確認すると，同年6月末現在でドンキの持株株会社であるパン・パシフィック・インターナショナルホールディングスの第2位株主としてファミマはいるものの，10.1%を保有するのみです。結果として20%超の株式は保有できていません。

さらにユニーは売上高5,200億円，当期純利益290億円の結果を残して

4　BCN-R
https://www.bcnretail.com/market/detail/20181203_95253.html

図表序－3　パン・パシフィック・インターナショナルホールディングス有価証券報告書

(6) 【大株主の状況】

2020年6月30日現在

氏名又は名称	住　所	所有株式数（千株）	発行済株式（自己株式を除く。）の総数に対する所有株式数の割合（%）
CREDIT SUISSE AG HONG KONG TRUST A/C CLIENTS FOR DQ WINDMOLEN B.V. （常任代理人株式会社三菱UFJ銀行）	HERENGRACHT 500, 1017 CB AMSTERDAM, NETHERLANDS （東京都千代田区丸の内2丁目7－1）	134,028.0	21.14
株式会社ファミリーマート	東京都港区芝浦3丁目1－21号	64,023.4	10.10
日本マスタートラスト信託銀行株式会社（信託口）	東京都港区浜松町2丁目11番3号	38,025.2	6.00
株式会社安隆商事	東京都千代田区麹町1丁目8－1	33,120.0	5.22
日本トラスティ・サービス信託銀行株式会社（信託口）	東京都中央区晴海1丁目8－11	31,171.8	4.92
公益財団法人安田奨学財団	東京都目黒区青葉台2丁目19-10	14,400.0	2.27
JP MORGAN CHASE BANK 385632 （常任代理人みずほ銀行決済営業部）	25 BANK STREET, CANARY WHARF, LONDON, E14 5JP, UNITED KINGDOM （東京都港区港南2丁目15-1　品川インターシティA棟）	11,087.9	1.75
日本トラスティ・サービス信託銀行株式会社（信託口5）	東京都中央区晴海1丁目8－11	8,917.3	1.41
GIC PRIVATE LIMITED-C （常任代理人株式会社三菱UFJ銀行）	168 ROBINSON ROAD #37-01 CAPITAL TOWER SINGAPORE 068912 （東京都千代田区丸の内2丁目7－1）	8,835.2	1.39
JP MORGAN CHASE BANK 385781 （常任代理人みずほ銀行決済営業部）	25 BANK STREET, CANARY WHARF, LONDON, E14 5JP, UNITED KINGDOM （東京都港区港南2丁目15-1　品川インターシティA棟）	8,751.6	1.38
計		352,360.4	55.59

2．㈱ドン・キホーテ，ユニー㈱及び㈱長崎屋については，売上高（連結会社相互間の内部売上高を除く）の連結売上高に占める割合が10%を超えております。主要な損益情報等は次のとおりです。

	㈱ドン・キホーテ	ユニー㈱	㈱長崎屋
売上高	7,040億47百万円	5,219億44百万円	1,935億62百万円
経常利益	257億94百万円	272億11百万円	66億16百万円
当期純利益	132億39百万円	289億4百万円	41億49百万円
純資産額	1,485億36百万円	1,327億73百万円	578億21百万円
総資産額	2,921億16百万円	4,265億98百万円	899億7百万円

3．議決権の所有割合の［　］内は，緊密な者又は同意している者の所有割合で外数となっております。
4．議決権の所有割合の（　）内は，間接所有割合で内数であります。
5．有価証券報告書を提出しております。
6．持分は100分の50以下でありますが，実質的に支配しているため連結子会社としております。

出所：2020年3月末有価証券報告書（p.35が株式の状況／p.9がユニーの業績）
https://ppih.co.jp/ir/library/report/pdf/PPIH_FY2020_Q4_Financialort.pdf

います。60%買い増しをしたときの取得金額282億円で，昨期 1 年間分の当期純利益で回収しています。完全な成功事例といってよいでしょう。

そして，自分たちではどうにもできなかったユニーをドンキグループによって見事に再生させられ，結果としてこのディールに敗れた形になるファミマは，伊藤忠商事の完全子会社になってしまいます。

完璧な取引をしたドンキですが，ユニーの買収で前面にでていた大原孝治前社長がインサイダー疑惑で逮捕されてしまいます。ユニーのTOBについての情報を漏らしたということで，せっかくの成功に水を差す形になってしまいました。

いずれにしても，まず出資を実際にやってみる，そして完全買収，もっと手を入れる，という，本書が提唱している王道のM&Aの成功事例です。

同業で圧倒的な経営力があるからこその成功であることは間違いありません。なお，2021年 6 月にはドンキがファミマから自己株式として 6 %相当を800億円超で買い戻すと発表されました。ファミマのドンキ株の持分は 5 %未満となる見込みで，この件についてはドンキ圧勝ということが決定づけられたように感じます。

8　自ら情報を仕入れ，安心して相談できる場の重要性

本章で説明した，マッチングプラットフォームを利用する，自ら業務提携先を探してM&Aにつなげていくというアイディアを実践する，あるいは自社にとって信頼できるM&Aアドバイザーに出会うといったことのためには，自らがM&Aについての知識や情報を入手し，いざ，実践の場に臨んだときに，安心して相談できる場所を確保しておくことが必要です。何も知らないまま業者に仕事を依頼するのは「丸投げ」であり，

「委託」ではありません。丸投げはトラブルの元です。無用なトラブルを避けるためには，業者に何ができるか，何をさせるかを見極められるスキルが必要です。

この序章で示した 8 つのポイントを意識し，第 1 章からはじまる本書の内容を読み進めていただくことで，M&A 実務全体の流れを知り，何がわからないのか，何を・誰に確認してすすめるべきかについて皆さんがご自身で判断できる力を身につけていただきたいと思います。

第1章

M&Aの実務プロセス

本章では，M&Aのプロセスについて概括的に示します。売り手・買い手それぞれの状況や案件により，スケジュールが多少前後することや，必要なプロセスが追加・省略されることもありますが，まずは一般的なM&Aの流れを説明します。

M&Aに要する期間については，案件の内容や，それぞれの売り手や買い手の事情によって異なりますが，一般的には3～12カ月間の期間を要します。この期間の幅の違いは売り手と買い手とをマッチングできるまでの時間が異なることが原因で生じます。

すでに，売り手と買い手候補のマッチングができている場合には，そこから3カ月間から長くても6カ月間以内には取引が完結することが多く，マッチングまでに時間がかかる場合には，その分，時間が要してしまうことが多いのです。

まず，図表1－1に示した一般的なM&Aの流れを参考にM&A担当者がどのような点に注意しつつ，業務を進めていくべきかを説明します。

図表1－1　M&Aの流れ

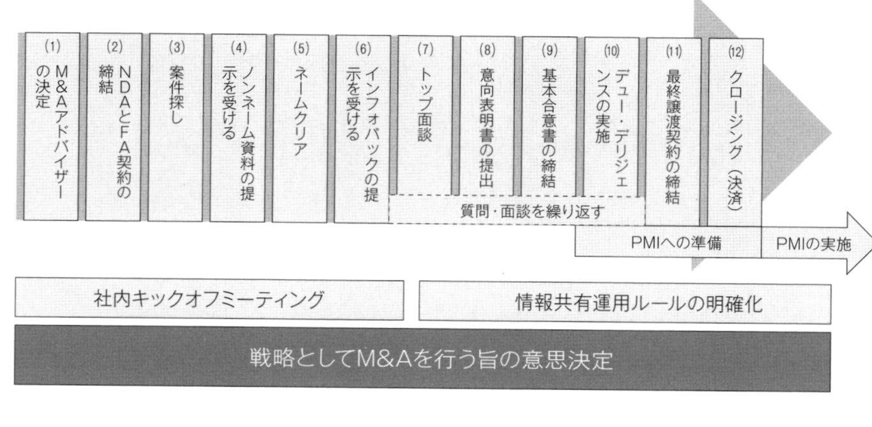

1　M&Aアドバイザーの決定

M&Aの取引や交渉は一般の経営活動と異なり，特殊な部分もあります。慣れない交渉の過程で，本業がおろそかになり，M&A取引が完了する直前に業績が低迷し，交渉がブレーク（決裂），あるいは，不利な条件を飲まざるを得なくなるケースも多々あります。

また，仲間内で譲渡先が決まる場合もありますが，より広いネットワークの中で相手探しをしていく必要性もあります。幅広い選択肢を得るためにも，本業をおろそかにせずにM&Aを進めていくためにも，信頼できるM&Aアドバイザーを探してください。

これに加え，より積極的に業務提携からスタートして将来の買収や資本提携につなげていく選択肢を持つことも重要です。

信頼できる M&A アドバイザーを探し，彼らと協力しつつ，取引を進めます。

2　M&A 戦略

M&A は手段であり，決して目的ではありません。しかし，社内に M&A 担当部署ができて，担当者ができると M&A を実施することが目的となってしまいがちです。

M&A をなぜやるべきなのか，本当の目的は何なのか，ということを戦略とともに社内で共通認識を持っておかなければ，M&A は実現できたとしても，その後，いったい何をすべきか，どうするのか，という重要な視点が抜け落ちがちです。シナジーという用語がひとり歩きしていますが，このディールにおけるシナジーはいったい何か？　何のために M&A をするのか？　という疑問は常に忘れないようにしてください。

M&A を目的化させないための手順，方法を押さえていきましょう。

M&A の目的化が組織では一番危険な状態です。そもそもの目的の設定，社内への浸透とその前提となる M&A 戦略の策定が重要になります。

3　M&A スキーム

M&A の過程では，スキームを決定する必要があります。中堅，中小企業同士の M&A では，株式譲渡もしくは事業譲渡のいずれかが採用されることが，ほとんどです。この2つのスキームのメリット，デメリットを理解したうえで，その他のスキームの概要を説明していきます。

特に複雑なスキームを採用する場合には，法的な問題，また税務的な問題に注意が必要です。M&A アドバイザーを中心に信頼できる弁護士，税理士とのチーム構成が必要になる場合もあります。

基本的かつ利用頻度の高い株式譲渡，事業譲渡の理解を徹底したうえで，複雑なスキームの場合には，M&A アドバイザーを中心とした弁護士，税理士との連携が重要になります。

4　バリュエーション

バリュエーションというと，公認会計士や投資銀行などが発行する株価算定書をイメージされるでしょう。しかし，実際には株価算定書にとどまらず，バリュエーションはM&A のあらゆる場面で重要です。スタートとしては売却希望価格を合理的な根拠をもって決めるところから始まります。

どのような場面でどのようなバリュエーションが必要となってくるのか，

理解をしておいてください。M&Aにおけるバリュエーションは決して専門家に丸投げするものではありません。

M&Aにおけるバリュエーションは，株価算定書だけではなく，また，専門家に丸投げしておけばすむものではありません。

5　トップ面談，交渉

売り手と買い手のマッチングが行われ，ある程度の情報交換，質疑応答が終わり，より詳細な情報交換やインタビューが必要であると判断された場合，次にトップ同士の面談を行います。

トップ面談は，通常，秘密保持の関係で，M&Aアドバイザーのオフィスやホテルの会議室などで行う場合が多いです。特に，中小企業のM&Aにおけるトップ面談では，売り手・買い手の両者が顔を合わせて，互いの人間性や会社経営に対する思いなどを確かめ合いながら，双方質問をし合い，経営方針などに関する疑問を解消し合うことが大切です。社長同士の価値観や会社経営に対する思いに共感し合えるようであれば，M&Aが成功する可能性も高くなります。

トップ面談がうまくいった場合には，本格的な交渉のフェーズに入りますが，無理な条件を突然交渉相手に投げつける，いわゆるハイボールは避けるなど，留意すべき点がいくつかあります。基本は，相手の立場に留意しつつ，自分たちの主張を議論していくバランスが重要になります。

ポイント！

中小企業のM&Aではトップ面談はセレモニーではなく，両者の相性を確認する重要な場です。これがうまくいくかどうかは大企業のM&Aよりもはるかに重要になります。
交渉においては常に相手の立場にも留意しつつ進めましょう。

6　意向表明と基本合意

トップ面談でお互いに信頼できる相手であることが確認できれば，条件面の調整へ進みます。これと並行して買い手は「意向表明書」といわれる買収方法，買収価格などの提案条件が書かれた資料を売り手に提出することになります。

その後，売り手・買い手間で合意している条件などが明記された「基本合意契約書」を締結することになります。通常，「基本合意契約書」には独占交渉権の付与，売買予定価格や交渉期間などが記載されています。

意向表明書や基本合意契約書など，M&Aでは一般的に必要とされる書面がいくつもあります。それぞれに意味がありますので，M&Aアドバイザーと相談をしつつ，ミスのない書類の作成を進めてください。

7　デュー・デリジェンス（買収監査）の実施

基本合意契約書が締結されたのち，買い手サイドの公認会計士や弁護士などによる，リスクの洗い出しやそのリスクの解消方法などを調査する作業がデュー・デリジェンス（以下，DD）です。M&Aの交渉は一般的に，基本合意までは売り手，買い手ともに提示された資料や情報が正しいことを前提として交渉を続けています。したがって買い手は，最終意思決定をする前にこれまで入手してきた情報が正確なものであるか確認をする必要があります。DDにはコストがかかりますから，M&Aアドバイザーと相談のうえ，何をいつまでにどんな専門家に依頼するのかを決定する必要があります。

買い手は専門家から提出されるDDのレポート結果を待って，最終的に当該M&A取引を実行するかしないか，あるいは条件面の再交渉に入るかどうか等の判断を行います。

DDの結果，引き続き交渉を続けるということになれば，「最終譲渡契約書」の締結に向けて，再度，数回の面談や質疑応答を繰り返し，最終的な条件や内容を詰めていきます。

ポイント！

DDは最終譲渡契約書を締結する前に，買い手がそれまでに入手してきた情報の正確性を専門家に確認する重要な手続です。ここで大きな問題がなければ，最終譲渡契約に進むことになります。ただし，コストのかかるものですから，M&Aアドバイザーと相談のうえ，重点項目などをしぼって実施することも忘れないようにしてください。

8 最終譲渡契約書の締結とクロージング

一連の作業が無事終了し，取締役会や株主総会での承認が得られ，買い手，売り手ともに，最終的にM&Aを実行することが決定した後，最終的な条件や契約内容を取り決めた「最終譲渡契約書」を締結します。

「最終譲渡契約書」の締結によってM&Aに関する契約は完結しますが，実際にはその後，経営者の個人的な目的で購入された資産を経営者が対象会社から買い取る手続や買い手にとっては不必要な業務委託契約，ローン契約の解除などの諸手続を一定期間内に進めることが必要となります。このような最終譲渡契約締結後に必要な作業がすべて終了し，譲渡対価の決済および株券や会社代表印の引渡しなどをすべて完了することをクロージングといいます。クロージングに必要な要件は，最終譲渡契約書に含める必要があります。

ポイント!

M&A取引では，最終譲渡契約と決済が同時履行できないケースのほうが多いです。最終譲渡契約締結時に履行できない事項をすべて完結し，決済まで終了することがクロージングです。クロージングまでに履行しなければならない事項は最終譲渡契約書に明記する必要があることをお忘れなく。

9　PMI（Post Merger Integration）

PMIとはM&A実行後の統合作業の総称です。最終譲渡契約書の締結，クロージングが終わってからが，本格的なM&Aのスタートといっても過言ではありません。M&Aが戦略を実現するための手段であることを忘れ，目的化している場合，M&Aが完結した後に，いったい何をすべきか呆然とすることが冗談ではなく起き得ます。そのようなことがないように，M&Aのどのフェーズでも M&A後に何をすべきかという点を常に考えつつ作業を進めていき，M&A後の統合（PMI）に備えてください。

常に買収後はいつ，誰が，何をするのかをイメージし続けることが大切です。

M&Aのどのフェーズでも統合後に何をすべきか，ということを忘れずに。M&Aの統合をスムーズに進められるように準備をしてください。

第2章 M&Aアドバイザー

M&Aアドバイザーは，M&Aに関連する一連のアドバイスと契約成立までのコーディネートを担うM&Aの専門家です。M&Aコンサルタント，ファイナンシャル・アドバイザー（FA）と呼ばれることもあります。M&Aの成立には，ファイナンスの知識に加え，会計，税務，法律，ビジネスと多岐にわたる知識と経験を必要とします。

本章では買い手として，M&Aアドバイザーの業務を知ることで，どのように活用すると良いのかについて説明します。

1 M&Aアドバイザーに依頼するメリット

M&Aアドバイザーに依頼するメリットは，幅広いネットワークで相手先を見つけることができること，専門的なアドバイスを得られること，本業の経営や業務に専念することができることです。

M&Aアドバイザーに依頼せずにM&Aの交渉を行った場合，利害問題が生じ深刻な対立が発生しかねません。経営者同士が旧知の仲であっても，金銭が絡むことで感情のもつれに発展して交渉が決裂するケースも珍しくありません。

M&A アドバイザーの活用には費用を要します。しかし，その費用を惜しんで双方の関係性を悪化させて目的を達成できなくなることは本末転倒です。専門家の知識と経験，客観的な判断をうまく活用して，M&A を進めることがポイントです。

図表２－１　M&A アドバイザーに依頼するメリット

- 幅広いネットワークで相手先を見つけることができる
- 専門的なアドバイスを得られる
- 本業の経営や業務に専念することができる

また M&A アドバイザーに依頼する場合は経験豊富なアドバイザーに依頼することが重要です。未熟な M&A アドバイザーを利用することで，次のような場合が起きることが想定できます。

図表２－２　未熟な M&A アドバイザーを利用した場合

- 重要な場面において，的外れな発言をされ，案件をブレークさせる
- M&A に必要な資料を収集しない，必要なアドバイスをしない等で，不必要な時間と労力が費やされる
- 資料が出てこない，質問に対する回答が遅く，M&A の機会を逃す
- 情報秘密を守らず，取引先に情報が漏れ M&A が頓挫してしまう。あるいは，社員や関係者が退職してしまう

M&A アドバイザーの多くは成功報酬，あるいは一部成功報酬を組み入れた報酬の受け取り方を行います。アドバイザー業務を行う過程において，「これ以上 M&A の交渉をすべきではない」と判断したときは，成功報酬

を失うことがわかっていても，そのことを伝えることができるアドバイザーであることが望ましいです。したがって，繰り返しになりますがM&Aアドバイザーは倫理観があり，信頼のおける組織や個人を選定することが大切です。そのためには，売り手や買い手になる皆様もM&Aアドバイザーの目利きができなければなりません。ベースとしてM&Aの知識・情報を入れておくことはM&Aに関わるすべての人にとって重要なことなのです。

組織内の担当者としてM&Aを実施する場合は，経験豊富なM&Aアドバイザーを活用することです。当事者同士の直接交渉は対立が生じ，専門知識の不十分さが原因でブレークするリスクがあります。

2　M&Aアドバイザーが提供する業務内容

M&Aを成立させる過程で，M&Aの実行手続，法律や税務上の課題解決，交渉条件のまとめ方や契約書の作成など，多岐にわたる高度な専門知識を必要とします。また準備不足での買い手との交渉では予測外の事態が発生するリスクがあります。そのために，経験豊かで信頼のおけるM&Aアドバイザーに依頼することが不可欠です。案件の性質によって多少の違いはありますが，以下がM&Aアドバイザーが提供する業務内容です。

図表2－3　M&Aアドバイザーが提供する業務内容

1．候補企業の発掘
2．候補企業に対する情報の収集と提供
3．基本スキームの策定，バリュエーション，戦略の構築，提案資料の作成
4．作業，役割分担等を含んだスケジュールの作成
5．必要資料（契約書等）の草案の作成
6．条件交渉
7．M&Aに伴う各種実務手続上の助言

3　M&Aアドバイザーとの契約

M&Aアドバイザーを活用して買収を行う場合，M&Aアドバイザーと秘密保持契約とファイナンシャル・アドバイザー（FA）契約を締結します。案件や状況によって順番が異なりますが，契約締結までの流れは次のようになります。

3.1　相　　談

信頼できるM&Aアドバイザーを見つけたら，事業内容や今後の事業展望，買収ニーズを共有します。M&Aアドバイザーに電話かWebサイト経由で連絡します。このとき，M&Aアドバイザーによって扱える案件の規模，エリアに違いがあるため，それも伝えるとよいでしょう。M&Aアドバイザーから連絡があり，直接面談の調整等が始まります。初回の相談では，M&Aアドバイザーから買収する際の一連の手続や流れ，メリットやデメリットなどの説明を受けます。その後，M&A担当者は企業の戦略や今後の事業展開，希望条件，買収ニーズ，買収資金等を共有します。

当然，これらの話は秘密厳守で行われます。

3.2　匿名情報での提案

後日，相談したM&Aアドバイザーから企業名が特定されない範囲での匿名情報（ノンネームシート）にて案件の紹介があります。M&Aの特質上，百貨店のように所望の案件が直にあるわけではないので，匿名での情報提供にも時間を要する場合が多々あります。

3.3　契約の締結

ノンネームシートに関心がある場合は，その旨をM&Aアドバイザーに連絡します。M&Aアドバイザーは秘密保持契約とFA契約の準備を進めるので，指示に従って契約を締結します。その後，譲渡希望側から情報開示の了承をM&Aアドバイザーが取り付け，詳細な情報開示が始まりM&Aの交渉が開始されます。

契約を締結する場合，M&Aアドバイザーからメール等で秘密保持契約とFA契約の草案が送られます。契約内容に対して加筆修正箇所がある場合は，M&Aアドバイザーと連絡を取り合いながら調整します。内容を確認後，各2部製本した契約書が届きますので契約を締結します（図表2－4参照)。最近ではスピードを重視して，M&Aアドバイザーとの契約はオンライン契約で実施されることも増えてきています。

図表２－４　M&Aアドバイザーからのメール文例

本日は貴重なお時間をいただき，誠にありがとうございました。早速ですが，ご面談にありましたとおり，添付に弊社秘密保持契約書とFA契約書の案を送らせていただきます。内容や文言等をご確認いただき，修正追加および変更事項等ございましたら，添付ドラフトに修正のうえ，ご返信いただければ幸いに存じます。こちらにて宜しければ，ご確認のお返事をいただき次第，弊社で製本したものを送らせていただきます。

ご不明な点やご質問等ございましたらお問い合わせください。それでは，どうぞよろしくお願い申し上げます。

秘密保持契約書は，NDA（Non-Disclosure Agreement）やCA（Confidentiality Agreement）とも呼ばれ，M&Aの交渉において当事者が相互に開示する機密情報が第三者に開示される，M&A目的とは異なる目的で使われることを防ぐために締結される契約です。交渉の開始前に契約を締結することが肝要です。秘密保持契約書では，１．機密情報の定義，２．当事者がそれぞれ開示できる者の範囲，３．機密情報を使用する目的の限定，４．秘密保持義務の期間，等が定められます。

M&Aアドバイザーに対して，関わり方の形態は「専任契約」と「非専任契約」があります。専任契約は依頼したM&Aアドバイザーのみと契約を締結する方式で，他のM&Aアドバイザーとは契約をすることができません。一方，非専任契約は同時に複数のM&Aアドバイザーと契約を締結することができます。

買い手は，多くのM&Aアドバイザーと接することで情報網を広げることができます。したがって，非専任契約をすることが一般的です。しかし，M&Aアドバイザーによってはファインディング業務（さまざまな手法を使って売り手候補を発掘すること）を積極的に行う会社もあります。

そのような場合は，専任契約を求められることが一般的です。

売り手も，多くのM&Aアドバイザーと接することで複数の買い手からオファーを受けると考えるでしょう。しかし実際は，複数のM&Aアドバイザーが動き，複数の買い手に情報が行きわたることで案件が出回ってしまう可能性があります。いわゆる出回り案件となると，優良な案件であったとしても買い手の心理状況が良くない方向に働くため，成約のチャンスを逃してしまうことも少なくありません。

図表2－5　契約形態におけるメリットとデメリット

契約形態	内　容	メリットとデメリット
専任契約	契約期間，売り手が選んだ1社とM&Aアドバイザー契約を締結する。	（メリット） ● M&Aアドバイザーのモチベーションが高まる。 ● 情報漏えいのリスク，出回り案件の回避。 （デメリット） ● M&Aアドバイザーの能力や相性に問題があっても，他のアドバイザーに契約期間内は依頼ができない。
非専任契約	同時に複数のM&Aアドバイザーに依頼する。	（メリット） ● 広く相手先を探すことができる。 （デメリット） ● M&Aアドバイザーのモチベーションが下がる可能性がある。 ● 情報漏えいのおそれや出回り案件のリスクが懸念される。

M&A アドバイザーを初めて選任する場合は，相性や能力の見極めも必要になるので専任契約を結ぶ場合は３カ月間から１年間の専任期間を設定することが望ましいでしょう。

M&A アドバイザーの契約には専任契約と非専任契約がある。契約を締結する前に確認して目的に応じて契約を結ぶようにしましょう。

4 M&A アドバイザーの着任形式

M&A アドバイザーに依頼する場合の形式にはアドバイザリー形式と仲介形式があります。

アドバイザリー形式は，買い手と売り手，双方に別の M&A アドバイザーが着任する形式です。M&A アドバイザーはエージェントとして業務を行います。買い手・売り手の立場からすると，自分たちのために動いてくれるため，信頼関係が構築しやすいでしょう。また，どちらかが上場企業であれば，企業のコンプライアンスや利害関係者に対しての説明することを考えた場合，アドバイザリー形式が望ましいです。

仲介形式は売り手と買い手の間に同一の M&A アドバイザーが着任する形式です。M&A アドバイザーは，買い手と売り手の間に入り，常に中立な立場を守りながら双方に助言を行います。

アドバイザリー形式と異なり，同一の M&A アドバイザーが売り手と買い手の双方と直接コミュニケーションを行うため，情報の整理が早く，成約までの期間を短くして成約する確率を高くするメリットがあります。

ただし，仲介形式の場合，M&Aアドバイザーは売り手と買い手の両方から報酬を得ます。通常，売り手は少しでも高く，買い手は少しでも安く交渉をまとめたいと考えるでしょう。M&Aアドバイザーの報酬は売買価格を基に算出されることから，買い手からするとやや理不尽な着任形式と感じることでしょう。しかし，中小企業のM&Aに関しては，結婚と同じように友好的に進めることが多く，アドバイザリー形式では対立色が強くなり，成約に結びつかないという考え方もあります。このため，M&A仲介という業態が成立しているわけですが，業界の成熟とともに仲介は減少していっておかしくありません。

また，アドバイザリー形式で行う場合，M&Aアドバイザー同士の相性が悪い，相手側のM&Aアドバイザーが未熟なため当事者と関係ないところで交渉がブレークすることも考えられます。そのため，国内の中小企業は，仲介形式でM&Aを進めることを希望する傾向があります。

大型案件などでは初めからM&Aアドバイザーの着任形式を決定しますが，中小企業のM&Aでは，案件を進めながら状況に応じて決定する場合があります。M&Aは売り手と買い手がいて，はじめて成約します。

図表2－6　M&Aアドバイザーの着任形式

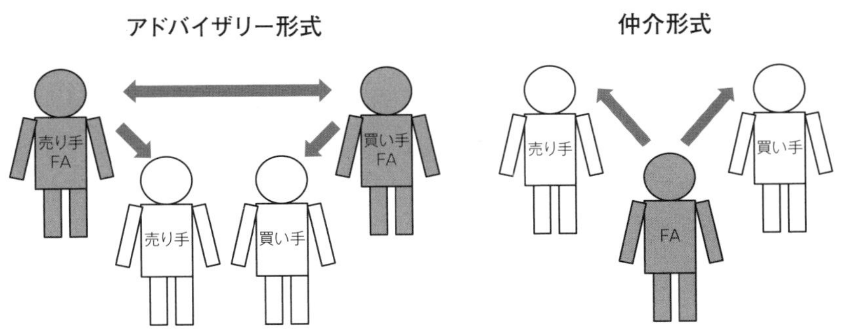

したがって，双方が揃わないと着任形式の方向性が見出せない場合もあります。

M&A アドバイザーが売り手から相談を受けた場合，まずは単独で買い手を探します。そして，案件に見合った買い手が見つからない場合は，信頼のおける同業者と秘密保持契約を交わして，定期的に情報交換を行いながら，売り手と買い手のマッチングを繰り返します。そして，売り手と買い手の要望が合致した場合は，アドバイザリー形式で M&A を進めます。したがって，案件や状況に応じて臨機応変な対応が必要なのです。

仲介形式は売り手と買い手との利益相反となる方法であり，理論的にはやるべきではありません。しかし，現実的には売り手，買い手，売り手 M&A アドバイザー，買い手 M&A アドバイザーの質が一定以上にそろわないとうまく機能しません。仲介しかやらないという M&A アドバイザーは理論的にはおかしいのですが，この問題を解決するには M&A アドバイザーを利用する皆さんが知識を身につけ，賢くなるのが早道になります。

図表２－７　M&A アドバイザーの着任形式

形式名	内　容	備　考
アドバイザリー形式	売り手・買い手それぞれに M&A アドバイザーが着任する。M&A アドバイザーはそれぞれの立場で助言を行う。	大規模取引や上場企業の M&A に向いている。
仲介形式	売り手・買い手で同一の M&A アドバイザーが着任する。M&A アドバイザーは間に立って中立的な立場で助言を行う。	中小企業や小規模の M&A に向いている。

M&A アドバイザーの着任形式は，アドバイザリー形式と仲介形式があります。案件や状況に応じて柔軟に考えることが必要です。

5　M&A アドバイザーの報酬体系

M&A アドバイザーの報酬体系は会社によって異なります。着手金，中間金，成功報酬，リテイナーフィーの組み合わせによって報酬体系を構築しているM&A アドバイザーがほとんどです。

着手金は，M&A アドバイザーとFA 契約を交わしたときに支払う報酬です。中間金は，基本合意が締結した時点で支払う報酬です。全体の報酬額の半分を支払う場合が多いです。成功報酬はクロージング終了後，一定期間内に支払う報酬です。頻繁にM&A 業務を行う場合，契約期間内において毎月一定額を支払う報酬体系がリテイナーフィーです。

上記の組み合わせは，主として，「着手金＋中間金＋成功報酬型」「着手金＋成功報酬型」「中間金＋成功報酬型」「リテイナー型」「リテイナー＋成功報酬型」「完全成功報酬型」があります。

着手金，中間金，リテイナーフィーについては，いったん依頼をして支払が終了した場合は，その後M&A が成約しなくても返金されないことがほとんどです。会社によっては成功報酬の受け取りは，着手金，中間金，リテイナーフィーで支払った金額の合計を全体の成功報酬から差し引いて請求する場合もあります。また，追加で成功報酬を請求する場合もあります。

会社によってもまちまちですが，最低報酬金額を設定している会社もあります。その額は規模によっても異なりますが，150万円から2,000万円程度と幅があります。

図表２－８　M&Aアドバイザー報酬の種類

報酬の種類	内　容
着手金＋中間金＋成功報酬型	M&Aアドバイザーが就任した時点で着手金を支払い，基本合意契約の締結などの途中段階で中間金を支払い，無事成約に至ったら成功報酬を支払う。報酬の支払が複数回に分かれている。
着手金＋成功報酬型	M&Aアドバイザーが就任した時点で着手金を支払い，無事成約に至ったら成功報酬を支払う。報酬の支払が通常，２回に分かれている。
中間金＋成功報酬型	基本合意契約の締結などの途中段階で中間金を支払い，無事成約に至ったら残りの成功報酬を支払う。報酬の支払が通常，２回に分かれている。中間金は成功報酬の10%程度が相場。
リテイナー型	契約期間において，固定報酬を定期的に支払う。
リテイナー＋成功報酬型	契約期間において，固定報酬を定期的に支払い，無事成約に至ったら成功報酬を支払う。リテイナーで支払った金額は，割り引く場合とそうでない場合がある。
完全成功報酬型	譲渡契約を締結し，クロージングが終了後，一定期間内に報酬を支払う。

M&Aの報酬額はレーマン方式と呼ばれるM&A特有の報酬基準をベースに算出することが一般的です。料率に乗ずる基準，すなわち取引金額の考え方は，各M&Aアドバイザーの会社によって異なります。

たとえば，取引金額を単に株式譲渡金額（節税等で，一部退職金扱いとした場合も含む）と定義する場合もあります。また，株式譲渡金額に有利子負債を上乗せした合計額を取引金額と定義する場合もあります。株式譲渡金額が１円で，有利子負債が５億円の案件などでは「株式譲渡金額＋有利子負債の合計金額」で請求するので取引金額を5億1円として算出するということです。

M&Aアドバイザーとの報酬の取り決めはFA契約書に定めるため，契約を進める前にM&Aアドバイザーと入念に話し合いを行い，双方納得のいく報酬で業務を依頼することが大切です。

取引金額は，バリュエーションをしないと売買金額がどの程度になるか予測が難しい場合もあります。その場合は，M&Aアドバイザーにおよその相場を出してもらったうえで，報酬の取り決めをすることが多いです。

図表2－9　レーマン方式

<table>
<tr><td rowspan="4">取引価格が5億円以上の場合
（※例）
取引金額が7億円の場合
＝5億円×5％＋（7億円－5億円）
×4％＝3,300万円</td><td>5億円以下の部分</td><td>5％</td></tr>
<tr><td>5億円超10億円以下の部分</td><td>4％</td></tr>
<tr><td>10億円超50億円以下の部分</td><td>3％</td></tr>
<tr><td>50億円超の部分</td><td>2％</td></tr>
</table>

※　最低報酬額の相場：150万円～2,000万円

M&Aアドバイザーの報酬はFA契約書で取り決めます。契約を締結する前に報酬について確認をしましょう。

6　M&Aで検討する資料

M&Aを進める際，対象企業や対象事業の実態を示す決算書や契約書など各種資料が必要です。図表2－10に必要な資料の例を示します。

図表2－10　M&Aで検討する資料

分野	内　容
会　社	● 定款 ● 商業登記簿謄本 ● 株主名簿
営　業	● 会社案内・会社パンフレット ● 商品カタログ ● 沿革
財　務	● 決算書，法人税申告書（勘定明細，固定資産台帳含む） ● 直近の月次試算表 ● 事業計画書
人　事	● 組織図 ● 経営陣略歴 ● 従業員名簿 ● 社内規程
契　約	● 土地・建物の賃貸借契約書 ● リース契約書 ● 保険契約一覧表 ● 重要な契約書
その他	● 不動産登記簿謄本 ● 固定資産税等課税明細書 ● その他会社経営上，重要な書類

売り手のM&Aアドバイザーは上記の資料を売り手から集め，さらに，売り手とのヒアリングを重ね買い手に提案する資料を作成します。その資料は，匿名の企業概要書であるノンネームシートとすべての情報を記載したインフォメーション・パッケージです。

6.1　ノンネームシート

ノンネームシートとは，売却対象企業（事業）の社名を伏せて最低限の

図表２－11　ノンネームシートの例

秘密厳守

案件のご紹介

概　要	事業内容		
	営業拠点		
	従業員数		
	強み・特徴		
	売却理由	後継者不在のため	
希　望 条　件	スキーム	株式譲渡	
	希望価格		
	備　　考		
財　務 状　況		売　上　高	実質経常利益
	○○年 ○月期		
	○○年 ○月期		
	○○年 ○月期		
	備　　考		

※　本資料は貴社のみでご利用頂きたくお願い致します。本資料の存在及びその内容について第三者に開示する行為は，秘密保持契約に違反する行為になります。

※　本資料に記載する情報は，貴社の初期的な検討に資するために供されるものであり，株式会社○○○○においてその正確性について確認したものではありません。

お問い合わせ先

株式会社○○○○　担当者：○○

TEL：　　　　　Email：

情報（たとえば，業種，社員数，売上，利益など）を記載した，匿名の企業概要書を指します。通常Ａ４サイズの紙１枚程度にまとめられます。買い手は，M&Aアドバイザーと秘密保持契約を締結した後にノンネームシートを提示されるのが通常です。

6.2 インフォメーション・パッケージ

インフォメーション・パッケージとは，売却対象企業の事業内容や財務内容や売却条件をまとめたM&Aの概要書を指します。ノンネームシートの提示を受けた買い手が興味を持ち，より詳しく情報を得たい場合に買い手のM&Aアドバイザーを通じて開示されます。「インフォパック」「案件概要書」「概要書」などとも呼ばれます。通常，15ページから30ページ程度のパワーポイントやワード資料にまとめられます。企業名や財務資料など詳細かつ機密性の高い資料のため，必ず秘密保持契約締結後で，売り手のM&Aアドバイザーが売り手に再確認（ネームクリア）後に買い手に開示されます。着手金をとるM&Aアドバイザーは，このインフォパック作成のためのコストとして請求していることが多いようです。

6.3 機密情報の取り決め

M&Aにおいて秘密保持に対する徹底した体制は極めて重要です。したがって担当者はM&Aにおける情報を知るすべてのメンバーに対して，機密情報に関する取扱いや重要性に対して共通認識を持つことが大切です。

たとえば，電話による連絡は売り手の携帯電話にかける，対象企業（事業）の名称にコードネームをつけて呼ぶなど，M&Aアドバイザーの助言を参考に秘密保持に関する情報の取扱いのルールを決めておくとよいでしょう。

買い手が売り手企業の詳細な情報（インフォメーション・パッケージ）に最初にアクセスする場合は，必ずネームクリアが行われます。ネームクリアとは，売り手企業に対して，興味のある買い手企業の名前を公開して，情報を開示してもよいかの事前確認をとることです。売り手からすれば，買い手候補がライバル企業や得意先企業であった場合，問題が生じる可能性があります。そのリスクをなくすためにネームクリアは行われます。

M&Aにおいて機密情報に対する徹底した体制は極めて重要です。担当者へ徹底を図るとともに，M&Aアドバイザーの助言を聞きながら行動しましょう。

買い手は，M&Aアドバイザーを通じて，これらの資料を段階的に入手し，対象企業（事業）の分析を進めます。資料を分析する過程で買い手の担当者として売り手に質問や疑問を抱いたり追加資料を必要とした場合は，M&Aアドバイザーを通じて回答を得たり，新しい資料を入手します。

ただし，売り手にとっては重要な資料であることから，トップ面談後にしか質問への回答や追加の資料を出さない場合もあります。M&Aアドバイザーと状況を確認しながら分析作業を進めていきます。

買い手にとって重要な資料の1つに財務資料があります。財務関連の資料は少なくとも3カ年分，可能であれば5カ年分のデータを分析します。買収後に，どの程度のシナジーを生むのかなどを分析します。

中小企業は，利益が十分に出ている場合は節税対策を施している企業が多いです。これらを鑑みて実際の利益を把握することも重要です。また，借入金はその内訳や不審な会社からのものがないかなども詳しく分析します。

買い手担当者はできるだけ詳細な資料を早い段階で入手しましょう。

7 M&Aアドバイザーを利用した相手探し

多くのM&Aアドバイザーは，売り手とFA契約を締結してから買い手候補を探します。したがって，買い手がM&Aアドバイザーに希望する案件を提示してすぐに売り手候補が見つかる可能性は極めて低いです。戦略実行の選択肢としてM&Aを活用する場合，買い手候補がすぐに見つかり買収できるとは考えないほうがよいでしょう。それなりに時間がかかることを覚悟しておく必要があります。

時間に余裕がある場合は，あらかじめM&Aアドバイザーに欲しい売り手の条件を伝えておき，該当する案件が見つかった場合に，連絡を受けるという方法があります。しかしこれでは待ちの姿勢になるため，希望する案件の提示を受ける可能性は極めて低いでしょう。

積極的に売り手候補にアプローチする場合，M&Aアドバイザーと協力して進めます。方法としては，買収候補対象となる会社（事業）のリストアップを行い，アプローチ先を選定します。その後，M&Aアドバイザーがそのリストを活用しながらレターや電話などを通じて，直接，買収提案を行います。積極的に探すアプローチは，M&Aアドバイザーによって手法等が異なりますが，それでも希望している売り手がすぐに見つかる保証はありません。したがって買い手としては，あらかじめ時間の余裕をもって売り手候補を探していくことが大切です。また，M&Aアドバイザーとは別ルートで自ら，買収先，資本業務提携先，業務提携先を探すことの重要性も高まっています。

買い手企業が売り手企業を探す場合，積極的に探すことを行ってもすぐに見つかるとは限りません。買い手として余裕をもってM&Aの準備を進めることが重要です。

第3章 M&A戦略

本章では，M&Aを実行する場合の買収戦略について説明します。M&Aは事業戦略を実現するための手段であり，目的ではありません。したがって，案件ありきでM&Aを考える，紹介案件にいきなり飛びつくなどはナンセンスです。M&A担当者は，企業が戦略を策定するまでの一連の流れを把握し，買収戦略を実現することが重要です。

図表3－1　M&Aの流れ（再掲）

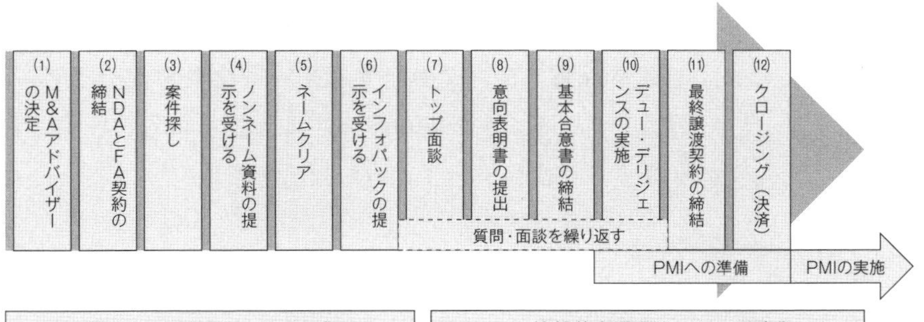

1　ミッション・ビジョン・戦略

戦略はミッション遂行に基づきます。ミッションは企業の存在意義であり，長期間かけて追い求めます。ミッションの実現を具現化したものがビジョンです。多くの企業ではビジョンの期間を5年間から10年間で設定しています。

戦略的意思決定では，設定したビジョンを実現するために現状とのギャップを抽出します。そしてこのギャップを自社の経営資源を活用して埋める方法を考えます。

ギャップを埋めるための方法は大きく2つあります。自社のみで実行する方法とM&Aを活用する方法です。したがってM&Aの実行自体は企業の戦略を実現するための手段であることを確認しておくことが重要です。

戦略をM&A抜きに自社のみで実行する場合，予算，時間，リスクなどを加味して経営計画を策定して行動に移しますが，M&Aを行う場合も同様です。ポイントは，自社の経営資源のみで実行する場合とM&Aを活用した場合を，予算，時間，リスクの面で総合的に比較することです。その結果，M&Aを選択するほうが，成功確率がより高くなると推測されるなど，何らかのメリットが高ければ，M&Aの実行を検討することになるでしょう。

M&Aを進めるチームが全社戦略を理解していれば，前提条件や判断機軸が明確になっているはずです。したがって，持ち込まれたM&A案件に対しての意思決定のスピードも迅速になります。同時に，M&Aを活用する業界や企業の選定，M&Aアドバイザーの選定なども行いやすくなります。

一方，M&Aを戦略的に活用せずに，M&Aアドバイザーからの持ち込み案件ありきで，受動的にM&Aを実施した場合，買収すること自体が目的になりがちです。したがって，不本意な事業査定を行う，意味のない事業評価を行うことにつながり，買収することができたとしても，企業全体の価値を高めることにはつながらないことが多いのです。

また，戦略がなければ案件の投資判断が鈍り，M&Aアドバイザーや売り手に対して意思決定が弱い企業という印象を与えます。別案件で同じような案件があったとしても，このような体験を有するM&Aアドバイザーは別の企業に優先的に紹介するでしょう。M&Aをするか否かの意思決定はスピードが重要です。意思決定に時間をかけている間に，競合他社と独占交渉権を獲得して交渉を行い，結果的に自社の立ち位置を不利にする場合もあります。M&A担当者はこのことを理解しておくことが重要です。

さらに，M&Aはミッションの実現に結びつくことも理解することが重要です。自社のミッションと買収先の企業のミッションが極端に異なる場合，企業文化が正反対の企業に対して資本を入れた場合，統合作業

図表3－2　ミッションと戦略の関係

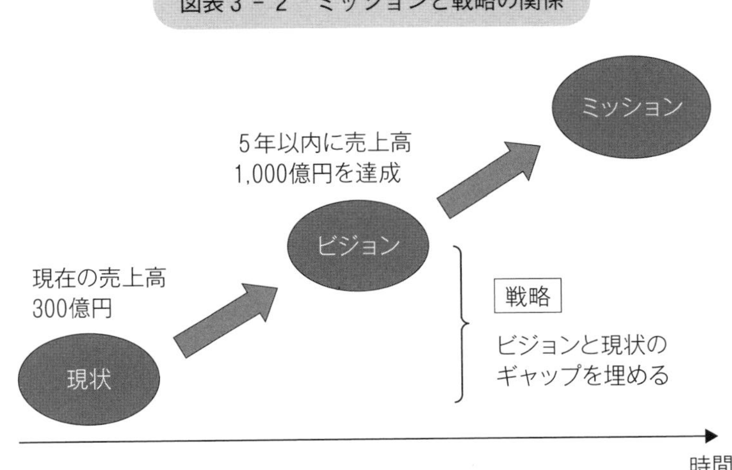

（PMI）が難航してM&A取引自体は成功してもその後のビジネスがうまくいかないことが容易に予想できます。

M&A担当者は，自社の戦略を理解して，買収候補先のミッションや企業文化に関しても注意することが重要です。さもなければM&A自体が目的になり，その後の価値を見出すことが難しくなります。

2　全社戦略と事業戦略と機能戦略

戦略には3つのレベルがあります。それぞれ，全社戦略，事業戦略，機能戦略です。

全社戦略では，経営ビジョンに基づいて，各事業の基本構成（事業ポートフォリオ）と方向づけを行います。また，企業規模が大きければグループ企業の構成と方向づけを行います。

事業戦略では，その事業のライフサイクルの状況，置かれている立ち位置によって，どのように方向づけるかを決定します。通常，戦略という言葉を使用する際は事業戦略を示すことが多いです。

研究開発や購買，生産，営業，物流など，各事業の基本的な機能要素をどのように構成して，どのように方向づけるか，そしてどのように実行するかの意思決定が機能戦略です。

ビジネスにはライフサイクルがあり，同じ事業構造でビジネスを永続させることは極めて困難です。意図的に事業構造の転換を考えなければ，衰退していく羽目になります。単一事業のみを行っている企業であれば，その事業が衰退期を迎える頃より全社の売上規模が縮小し，やがて消滅する

図表3－3　戦略のレベル

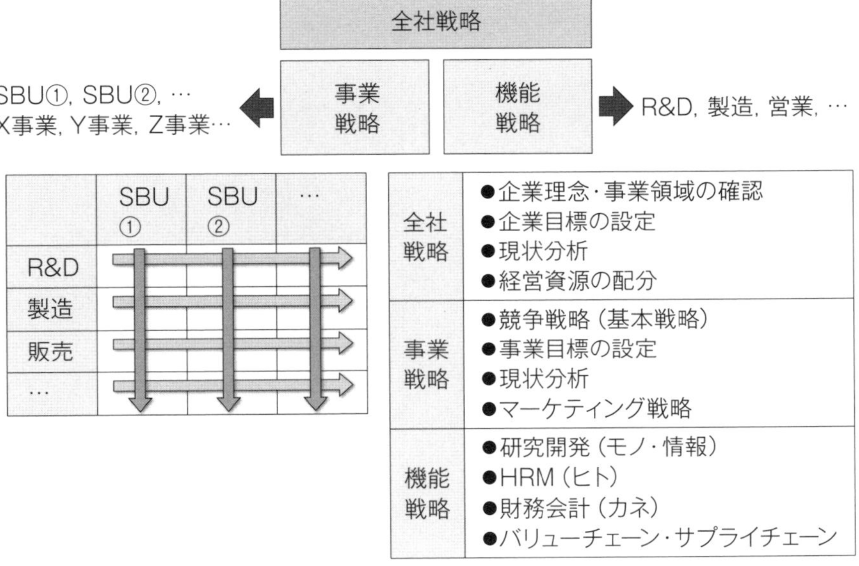

可能性があります。したがって，成長期頃より新しいビジネスの転換を考えておくことは重要です。

複数のビジネスを行っている企業も同じです。通常，成長後期から成熟期のビジネスで業界でのシェアを確保している事業は，その企業にとって最も現金を生む構造になります。しかし，成熟期にある企業の特徴として，やがて事業規模が縮小して現金が稼ぎにくくなります。そのため，早い時期から稼いだ現金を次のビジネスに投資する循環が必要です。今は小さいが，将来の稼ぎ頭の準備をしておくのです。

事業の選択と集中を実現するためには，コア事業とノンコア事業の整理を行う必要があります。

たとえば，事業同士のシナジーが低い事業で，全社全体でパフォーマン

図表３－４　コア事業とノンコア事業の選別

パフォーマンス ＼ シナジー	低い	高い
高い	（売却） ホテル業	（拡大投資） 金融業 ネット通販（本業） 旅行業 コア事業
低い	ノンコア事業 システム開発 （廃棄）	（成長支援）

出所：㈱日本総合研究所経営戦略研究会『この1冊ですべてわかる経営戦略の基本』（日本実業出版社，2008）に一部加筆修正

スが低いビジネスはノンコア事業と定義して売却や縮小の対象にします。逆に，他の事業ともシナジーが高く，全社でのパフォーマンスが高いビジネスはコア事業として位置づけ，積極的に経営資源の投入を続けます。全社戦略，事業戦略，機能戦略を考慮しながら事業ポートフォリオの選択と集中を行う場合も，自社で行うか，M&Aを活用するか常に選択肢を持つことが重要です。

全社戦略，事業戦略，機能戦略を意識して，自社としてどのビジネス領域に選択と集中を行うのかを把握しましょう。永続するビジネスは存在しません。

3 基本戦略とM&A

図表3－5　3つの基本戦略

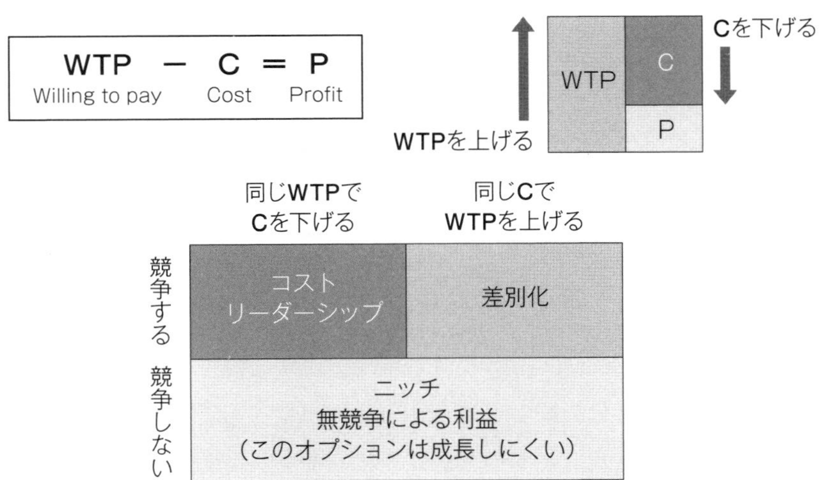

戦略のゴールは長期的な利益の追求です。そのために企業は他社との違いを創出します。この考えを基本にすると，企業がとるべき戦略の方向性がわかります。利益を確保するためには，他社との違いを明確にして，同じ商品でも価格を高くして販売するか，同じ商品を安く提供するかのいずれかです。また，もし競争がない環境があれば，その市場を選択して競争しないという方向性も考えることができます。

整理すると，企業が他社との違いを明確にする際にとるべき戦略の方向性が見えてきます。それは次の3つです。

1．安く提供する仕組みを作って低価格でも利益を得る仕組みを作る戦略（コストリーダーシップ戦略）
2．コスト以外の何かで差別化を図り商品を高く販売して利益を得る戦略（差別化戦略）
3．はじめから競争のない市場を選択して利益を得る戦略（ニッチ戦略）

コストリーダーシップ戦略は，単純に安売りをする戦略ではありません。競争する企業よりも何らかの仕組みで，製品やサービスの価格を安く提供できる体制を構築する戦略です。他よりも安く提供できるため同じ価格で販売する，あるいは若干安い価格で提供しても利益が得られるわけです。

差別化戦略は，コストリーダーシップ戦略の対極のものです。製品やサービスの価格の安さ以外の何かで違いをつくり，同じ商品を他よりも高く販売する戦略です。当然，企業が差別化を図っただけでは顧客は買いません。重要なことは，顧客が違いを認識して，高い値段だと知っていても購入していただけることです。したがって，差別化戦略をとる企業は常に顧客にフォーカスして価値を上げるための工夫をさまざまに実現しています。

仮に，コストリーダーシップ戦略を実施している企業が差別化戦略を実施している企業に資本を入れたとします。資本を入れた側は，常にコストを安くすることを考えているので，顧客にフォーカスして何らかの差別性をつけていくやり方が完全に理解できません。したがって，買収後もうまく機能しない可能性があります。

ニッチ戦略の最も重要なポイントは，成長することを目的としていないことです。ニッチ企業が成長し始めると，その市場に目をつけたより資本力が高い企業が参入することになり，結果的に競争が始まります。一度競争が始まると結局はコストリーダーシップ戦略をとるか，差別化戦略をとるかのどちらかになります。

仮に，コストリーダーシップ戦略を実施している企業が，ニッチ戦略を実施している企業に資本を入れたとします。資本を入れた側は，常にコストを安くして市場の拡大を考えています。したがって，ニッチ戦略の究極の醍醐味である，「成長しない」というオプションを行使することになるのです。成長しないことでビジネスを継続してきた文化は，コストリーダーシップ戦略をこれまでとってきた企業にとっては理解しがたいかもしれません。

M&Aを行う際に，自社や事業部がどのような基本戦略に従っているのかを理解して，そのうえで買収企業の基本戦略を考えることがポイントです。これは買収後の統合（PMI）をどのように進めていくかを決めていくうえでも非常に重要です。

M&A担当者は自社や自部門の基本戦略を把握しておきましょう。そのうえで，買収企業の基本戦略を理解して，統合後のイメージまで常に考えながらM&Aを進めましょう。

4　ライフサイクルとM&A

事業のライフサイクルによってM&Aの目的は異なります。ここでは，事業のライフサイクルについて説明を加え，それぞれのフェーズでM&A

図表３－６　ライフサイクルとM&A

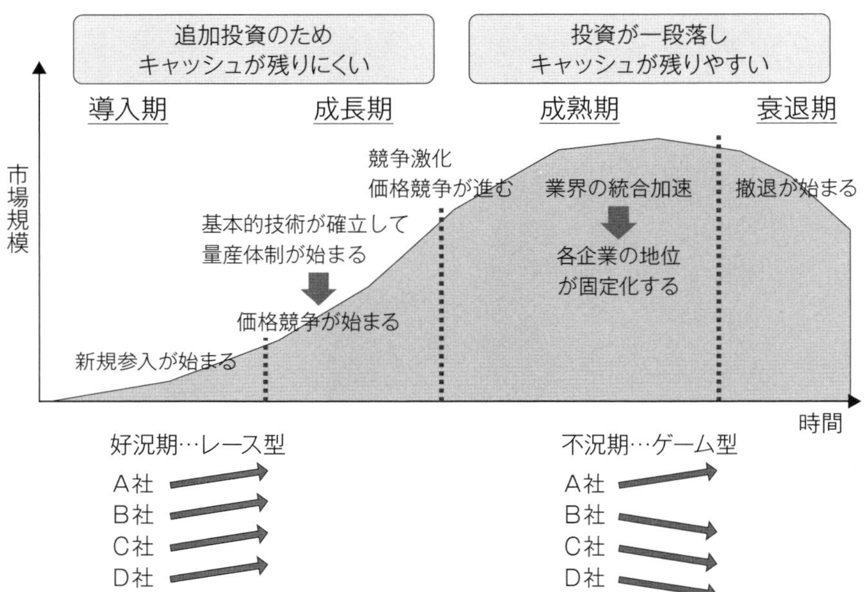

を活用する場合のポイントや留意点を解説します。

4.1　ライフサイクルと戦略

戦略論では，商品，事業，業界はいくつかのライフサイクルがあり，そのフェーズによって企業がとるべき戦略が異なると考えられています。それぞれのフェーズを，誕生期，導入期，成長期，成熟期，衰退期の５つに分けて考えてみましょう。

誕生期のビジネスは収益の予測がつきにくく，ビジネスとしても成立しにくい状況です。しかし，この時期を乗り越えなければ次のフェーズに行くことはできません。ビジネスとして最も旨みのあるフェーズは成熟期で，かつ圧倒的なシェアを確保している状態です。しかし，事業ポートフォリオがこのフェーズだけでは将来が不安です。近い将来に衰退期を迎えるからです。そのため企業は複数の事業を抱え，常に自社の事業ポートフォリオを最適な状態に保ちながら，各フェーズの事業をマネジメントする必要があります。

4.2　5つのフェーズ

■ 誕 生 期

誕生期の特徴は，そのビジネスが成立するか否かがわからない一方で，将来の大きな可能性を秘めていることです。近年の大企業は，自社の利益の源泉である成熟期のビジネスが衰退して企業体力が弱まる前に，新しいビジネスを創出する努力をしています。

しかし，大手企業の多くの経営者は自分たちが直接ビジネスをゼロから立ち上げた経験に乏しく，このフェーズのビジネスの特徴を理解している方が少ないようです。したがって，彼らは既存の大きな事業と同じ発想でビジネスを創造しようとします。

誕生期のビジネスは，市場自体が存在していない，あるいは大企業の胃袋を満たすほどの市場規模がありません。あるとしても，可能性のみで確実な市場の成長は約束されません。したがって成熟したビジネスで計画的に経営を進めてきた経営者は，新規ビジネスの立ち上げに対して自社資源を投入すべきかの意思決定が苦手です。

結果的に，大手企業はこのフェーズの参入に乗り遅れ，ベンチャーや中小企業が先行参入して成績を出し始める頃にようやく参入する結果になります。また，はじめから過大な売上目標を設定するため地に足のつかない経営計画をスタッフ部門が作り上げるだけで，行動に結びつかず目ぼしい成果をあげることができません。

誕生期のビジネスには，アントレプレナーのようにゼロから1を構築する考えやマインドも必要であることを忘れてはいけません。

この段階でのM&Aの活用方法を考えてみましょう。たとえば，ある程度資本力がある企業は売上の３％程度（業界によって異なる）の研究開発費を予算化しています。仮に，その原資の一部をM&A資金に充てることで，自社で研究をする以外に他社に資本を入れて研究成果を獲得することも可能です。特に，破壊力のある技術に対しては真っ向勝負をするのではなく，アーリーステージから資本を入れて防衛しておくことも考えられます。

大企業が新規ビジネスを行う際，少数精鋭の部隊を構築して，調査期間を経てから自社の資源を活用したテストマーケティングを実施します。しかし調査期間中に，市場の規模が不確定で，かつ自社の規模からすると小さいことがわかると実費負担によるテストマーケティングはなかなか行えません。そのようなときは，たとえば，その費用を活用して小規模のM&Aを行い，すでに成り立っているビジネスを実際に運営しながらテストマーケティングを行う戦略も考えられるのです。

ポイント！

誕生期でのM&Aは，可能性への投資，リスクヘッジ，R&D（研究開発）の補完等を目的として検討します。自社でゼロから立ち上げたときにかかる投資額と時間とリスクを加味して，M&Aで行った場合のほうが達成確率が高ければ，検討しましょう。

■ 導入期

導入期の特徴は，徐々にビジネスとして成り立つ見通しが立ち始めているものの，まだまだ規模が小さく先が読めないことです。ただし，誕生期よりも若干明るい兆しがあります。テスト的に行った商品の導入が進んでいるからです。

この時期に導入する顧客はイノベーターであることが特徴です。イノベーターとは，革新的な技術や製品やサービスに対して，すぐに飛びつく組織や個人を指します。その商品そのものが何に役立つかを自ら考え，少々の不具合が生じていても気にせずに一緒になって解決してくれる頼もしい顧客です。

導入期におけるM&Aの活用方法を考えてみましょう。誕生期と違って，ビジネスとして小規模ながらも成立しています。しかし，大手企業の売上規模を考えた場合，まだ市場規模も小さく，伸びるか否かの判断も難しいです。そのため，同時期に始めた企業に資本を入れて一気にそのビジネスの規模を拡大することが考えられます。このフェーズのM&Aの活用は主に市場規模の拡大です。

導入期のM&Aも，誕生期と同様に立ち上がるまでが困難です。したがって，成長期に差しかかる前のフェーズでM&Aによる事業ポートフォリオの確立を視野に入れておきましょう。

■ 成長期

導入期を経て，市場が徐々に成長すると他社の参入が始まります。この頃から市場規模が一気に増大します。

市場規模の増大により参入企業も増加します。結果的に業界全体に対してのR&D（研究開発）費が増えるため，商品や技術的な課題が解決され，徐々に一般の顧客にも受け入れられるようになります。さらに，一部では大量生産も始まり，価格の安さを武器に商品を提供する企業が出現します。

企業としては売上拡大を経験しますが，それ以上に売上の体制を構築するための設備投資や営業体制の強化，販促活動の拡充など，成長期特有の支出が増加します。そのため売上は増加してもキャッシュが残りにくい状況になるのが特徴です。

成長後期になると，業界全体の開発力や技術力の差が小さくなります。さらに，後発で参入してくる企業の商品と品質にも違いが出にくくなり，商品の差別化が難しくなります。初期に参入している企業はそれなりのネームバリューで価値を維持しますが，ブランド力が乏しい企業は徐々に価格を下げざるを得なくなるため価格競争が始まります。ここで体力が小さい企業は市場から追いやられる可能性が高くなります。

成長期におけるM&Aの活用方法を考えてみましょう。成長に合わせて設備投資，人材確保，販売チャネルの確保を自分たちでコストをかけて行う代わりに，資源を買う発想でM&Aを活用します。したがって，このフェーズのM&Aは経営資源の確保（設備等，販売チャネル，人材），シェア確保が主な目的になります。

成長期のM&Aは設備，販売チャネル，人材などの経営資源の確保，シェアの拡大などを目的に行います。

■ 成熟期

成熟期になると，業界に残っているプレーヤーが集約され始めます。市場で首位を占める企業は規模の経済を活用したコスト優位を武器に戦い，２位，３位の企業は，全体もしくは一部のセグメントにフォーカスした差別化戦略をとるようになります。その他の企業は徐々に業界から追いやられるか，大手企業が参入しないニッチな市場で小さく売上を確保していくようになります。

成熟期は，生き残った企業にとっては刈り取りの時期です。各企業は業界に投じた設備投資の償却が終わり始めます。成熟した市場では成長のための追加投資が不要かごくわずかで，現状を維持する程度の投資ですむことが多いため，最も安定したキャッシュを得ることができます。

一方で，この頃にシェアを伸ばせなかった企業は徐々に市場の低迷と共に収益を下げ，撤退するか，新しい市場に進出するかの意思決定を迫られます。

この時期に実行されるM&Aは，業界の首位グループと下位グループで目的が異なります。成熟期のビジネスにおいて，業界のシェアを確保している企業は豊かなキャッシュ・フローを獲得する可能性が高く，企業にとってこのフェーズでの事業は旨みがあります。競合が自社のシェアを奪おうとしていれば，全力で守るため，成熟期でのシェア争いは非常に厳しい状況になります。

そのため，業界トップの企業や2位の企業は，さらにシェアを獲得するために，3位や4位などの自分たちよりもシェアが小さい企業に資本を入れて，一気にシェアを伸ばすことを考えます。

一方，下位グループの企業は1社だけではビジネスが不安定になります。そのため下位グループ同士，もしくは下位グループと中堅グループが手を取り合って1つの会社になることでシェアの確保を行い，その業界での存在感を強化する目的でM&Aを活用します。

成熟期のビジネスは皆がキャッシュを得やすいため，シェアの取り合いが一層難しくなります。そのため自社の努力でシェアを増やすだけではなく，M&Aを活用したシェアの獲得を目的にM&Aを活用しましょう。

■ 衰 退 期

衰退期のビジネスは，業界全体の売上が低迷します。新しいビジネスによって既存の業界が置き換わり，その商品や技術事態が陳腐化していくからです。

急激に市場規模が縮小し始め，収益をあげていた企業も売上が低迷して損益分岐点を下回ります。結果的に，キャッシュの回りが悪くなります。そのためシェアをとれていない企業は業界からの撤退を余儀なくされます。

この時期のM&Aは，成熟期と同様に，業界の再編が主な目的で活用されます。企業の事業ポートフォリオの中で，ノンコアの事業が衰退期に入っているのであれば，売却を検討します。その売却資金で，新規ビジネスへの投資を準備していきます。資源の集中と選択にはタイミングが重要です。売却を決めてから実際に行動に移す時間が遅れれば，それだけビジネスの価値が低下していき，思った金額で売却できなくなるからです。

衰退期のM&Aは成熟期と同様に，事業の再編が主な目的です。自社の事業ポートフォリオの事業がノンコアでかつ衰退期のビジネスだったら，M&Aを視野に入れた整理を考えます。ここではスピードが非常に重要です。

5　事業ポートフォリオとM&A

事業の拡大や選択と集中の手段としてM&Aを活用する場合，そのディールが自社の事業ポートフォリオ戦略に合致していることを検討すべきです。クロスSWOT分析などを通じて，「強みをさらに強化する方向性」「弱みを補完する方向性」を実現するためにM&Aを実施することは，経営資源の補完という意味では問題ないといってよいでしょう。

しかし，戦略の実現において事業ポートフォリオを強化する目的であれば，問題あり，といえます。事業には成長のライフサイクルがあり，すでに成熟したビジネスではたとえ内部の資源を強化して，大きな成長を実現するのは困難だからです。

図表3－7　事業ポートフォリオマネジメント

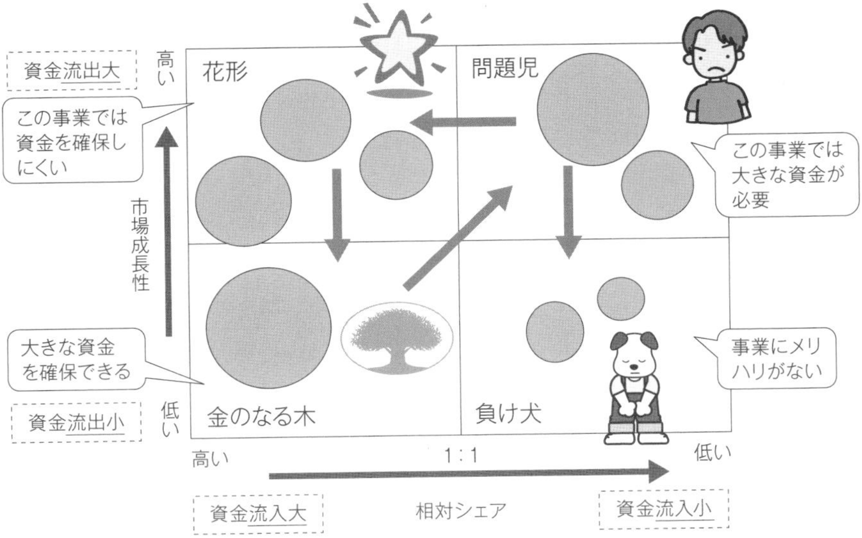

事業ポートフォリオを分析する場合，３つの情報を活用します。企業の中での各事業の規模，各事業の成長の度合い，そして各事業が占める業界でのシェアです。

各事業の規模は，その企業の中で各事業部が売り上げる金額で定量化します。そして，各事業の成長の度合いは，市場ライフサイクルを加味しながら，そのビジネスが今後伸びるのか，維持するのか，縮小するのかを判断します。各事業が占める業界でのシェアは，その企業によって，どの程度魅力的なビジネスであるかが判断可能です。

ライフサイクルの箇所で説明したとおり，通常，市場が成長している場合，事業を継続的に拡大するためには追加投資が必要です。売上が伸びても追加投資が増えていくため，キャッシュが残りにくい状況になるのです。一方，業界が成長後期，あるいは成熟期を迎えた場合，企業は投資を回収する段階になります。したがって，売上に比べて出ていくお金が少ないため，企業としては最も安定してキャッシュを稼ぐことが可能です。

上記を総合的に考えると，企業は金のなる木に相当する事業から十分なキャッシュを得て，そのキャッシュを将来の有望なビジネスに再投資するという基本ルールが見えてきます。これらを原則に，企業が抱える事業ポートフォリオを最適な状態に保ちながら経営をマネジメントしていきます。

自社の事業ポートフォリオを把握して，今回のM&Aはどこのポートフォリオを強化する目的なのかを加味して，M&Aの業務を進めましょう。

6　買い手企業の目的

M&Aは事業戦略を実現するための手段です。その目的は戦略に従うことが重要です。ここではM&Aの多岐にわたる目的を整理することで，M&Aが戦略実現の選択肢として，検討しやすいオプションであることを再度整理します。

通常，M&Aは買収企業にとって価値を創出します。たとえば，M&Aによる統合効果があります。M&Aを行うことで，取引先との交渉力が強まる，管理部門で浪費しているコストを共有化することで削減する，規模が拡大することで得られる信用リスクの低減や，取引量の増加に伴うボリュームディスカウントの実現，研究開発や生産，経営や企画，マーケティングや営業の統合による効率化，規模の拡大による採用効率の拡大，間接部門の共有化によるコスト削減などがあります。

時間やノウハウを買うという目的もあります。新規市場の参入など，自分たちの経営資源でゼロから立ち上げる場合，ノウハウを構築するには時間と経験が必要です。その活動に経営資源を投下したからといって，100%成功するとは限りません。一方，M&Aの場合は，すでに完成したノウハウを活用することが可能です。しかも，資本を入れたその日から通常の活動が行えるというメリットがあります。

M&Aには，市場規模の拡大や規模の経済の獲得という目的もあります。同じような業界において，それぞれの企業が個別に生産設備を整え，原料調達メーカーと交渉をしていれば，それぞれ取引コストやロスが生じます。そこでM&Aによって1つの組織になれば，当然交渉力が強まり，規模の経済を最大限に活用できるようになります。

成熟ビジネスや初期フェーズのビジネスにおいては，シェアの獲得という目的があります。先に説明したとおり，成熟市場のシェア争いは激しいため，逆に手を取り合って生き残る発想です。また，これからの市場に対してはリスクを抑えながらシェアを確保する手法として，M&Aが活用できます。

ポイントは，M&Aの行使によって戦略が目指している効果を十分に発揮できることです。効果はあるべき論ではなく，実現可能なものであるべきです。M&A担当者は，M&Aを目的にしないためにも，事業戦略の理解と共有をしたうえでM&Aの実務を進めることがポイントです。

M&Aは戦略に従います。M&A担当者はM&Aがさまざまな目的で活用されることを把握して，常に現在取り組んでいるM&Aがどのような戦略にもとづき，何を目的とするのかを把握しておきましょう。

7 売り手企業の目的

残念ながら，国内においてM&Aを活用して戦略的に自社を売却する経営者はまだ少ないでしょう。私達M&Aアドバイザーの実務を通した感覚では，売り案件の相談が10件来たときに，比較的容易に案件化できる割合は2～3割程度です。残りの3～4割は再生案件につながり，残りの3～4割はすでに状況が悪くて弁護士案件になることが多いです。

本来M&Aの売却側としての活用方法は，出口戦略といえます。会社経営を行っていてIPO（株式公開）を目指したことがある方は少なくないでしょう。しかし，株式公開はハードルが高く，ピーク時でも年間IPO件数は200件程度でした。世の中に400万社程度の会社が存在することを考えるといかに難しいかが理解できます。

一方，M&Aは成約ベースでも年間に１万件前後が行われていると想定されています。M&AはIPOに次ぐ出口戦略の手法とも考えることができます。

他に経営者が企業や事業の売却を決断する動機としては，将来への不安や後継者の不在があります。特に高齢を迎えた中小企業の経営者の多くは，実質的に会社を引き継ぐ人材がいないという問題を抱えています。これらを解消する目的にM&Aが活用されており，後継者不在に対しての解決策の１つとして今後のさらなる活用が期待されます。

また，事業の選択と集中としての活用もあります。順調な事業を残し，不調な事業を売却することによって，資産を軽くして事業の集中を行います。あるいは，そこで得た資金をさらに集中的に投資して将来のビジネスを構築する目的です。

大手企業の傘下に自らを置くことで，経営を安定化させる目的もあるで

図表３－８　経営者が売却を決断する動機

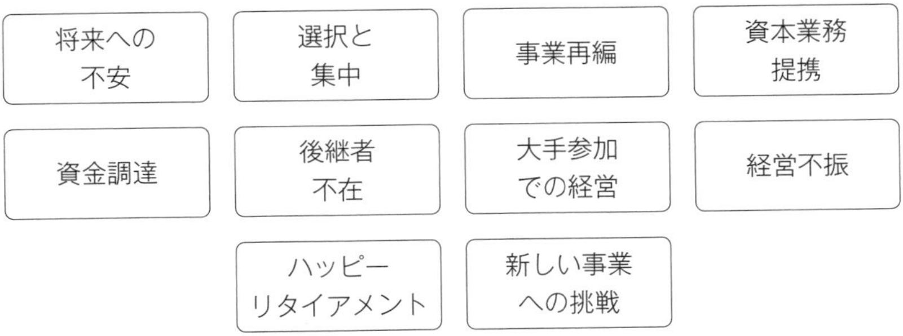

将来への不安	選択と集中	事業再編	資本業務提携
資金調達	後継者不在	大手参加での経営	経営不振
	ハッピーリタイアメント	新しい事業への挑戦	

しょう。特に，成熟してきた市場環境において，さまざまな企業と競争するのではなく，資本業務提携を視野に大手になるという発想です。

加えて，ハッピーリタイアメントを考えて，出口戦略として企業を売却して，その資金をもとに余生を過ごしたり，別のビジネスを行ったりという目的もあります。

売り手企業のM&Aの目的は出口戦略が多くを占めます。しかし，国内の中小企業のM&Aの多くは，業績不振や後継者不在を解決する目的で行われています。

8 買い手企業のM&A案件獲得のための実務フロー

ここまでのところで，とくに買い手企業にとってM&Aは戦略に従うものであり，戦略的ビジョン（ゴール）を達成するための（目的ではなく）手段であることを示しました。

ここでは，戦略としてM&Aを行うことを意思決定した後の，案件獲得のための実務フローを図表3－9に沿って説明します。

8.1 関係者共通認識の醸成（チームの組成）

今後戦略としてM&Aを行うことを決定した者，あるいは機関，実際の実務者，取得した事業・企業の運営責任者，あるいは担当部署は，バラバラであることが一般的だと思います。M&Aで事業・企業を取得してから初めて，運営責任者にその旨が伝わるという事態にならないように，運営責任者もM&A担当チームに巻き込んでおくことが重要です。また，

図表3－9　M&A案件獲得の実務フロー

(0)　戦略としてのM&Aの意思決定

↓

(1)　関係者共通認識の醸成（チームの組成）

↓

(2)　投資決定ルールとルートの決定

↓

(3)　対外発信と吸い上げルートの徹底

↓

(4)　アドバイザーへの説明資料の作成

↓

(5)　アドバイザーの選定

↓

Start！

当然に取得後の該当事業の運営（責任）者，部署の巻き込みも必要です。

買い手企業トップがM&Aに直接関与することは非常に重要ですので，可能なら，M&A担当チームはトップの直下という組織構造が望ましいでしょう。

8.2　投資決定ルールとルートの決定

ここで大切なことは，意思決定あるいは何からのリターンを相手方（売り手側）にするまでの時間です。

そのためには，

- 検討可能な基準（定性・定量とも）を明確化した投資決定ルール
- 投資の意思決定までのルート

を事前に決定しておきましょう。

8.3 対外発信と吸い上げルートの徹底

戦略としてM&Aを行うと意思決定したことを，対外的に発表可能な場合は，積極的に発信・PRしましょう。そうすることで，M&Aアドバイザーから案件が持ち込まれる機会が増えることに繋がります。また，代表電話，問い合わせメールフォームなど，会社のすべてのコンタクトポイントから，M&Aの案件情報が担当チームに伝わるよう徹底することも重要です。

8.4 M&Aアドバイザーへの説明資料の作成

案件探索を依頼するM&Aアドバイザーに，「いつ，何を，なぜ，どのように」取得したいのかを説明する資料を作成しましょう。自社のM&Aニーズの整理にもなるのでおすすめです。その際，以下のような内容を盛り込むといいでしょう。

- （買い手の）会社・事業概要
- 中長期の（成長）戦略
- 戦略ゴール達成のためのM&Aニーズ
- 投資決定ルールとルート（上記の8.2に相当）
- 過去のM&Aの実績

8.5 M&Aアドバイザーの選定

ここまで決定したのち，買い手企業場合は，複数の適切なアドバイザーを選定し，案件探索ならびにその後の交渉を依頼することになります。
その際，

- 報酬（最低報酬と報酬支払のタイミング，報酬額の算定方法）
- M&Aアドバイザーの実績ならびにネットワークの確認

• 担当M&AアドバイザーあるいはM&Aアドバイザー会社の信頼性を確認するといいでしょう。

買い手企業が，戦略としてM&Aを行うことを意思決定した後の案件獲得のための実務フローと体制を整えることは非常に重要です。実務フローと体制を整えたのちに案件探索活動を開始しましょう！

第 4 章 M&Aのスキーム

本章ではM&Aのスキームについて説明します。図表4－1の記載のとおり，対象企業の支配権を獲得するのか，しないのか，という点で狭義のM&Aと広義のM&A，提携（アライアンス）に分けて説明します。

図表4－1　M&Aのスキーム

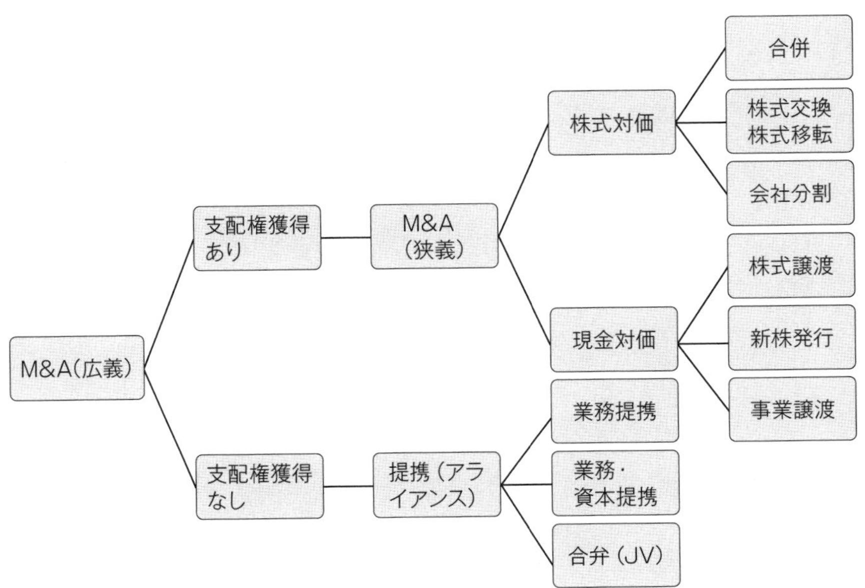

広義のM&Aには資本異動を含まない業務提携，資本異動も含む業務・資本提携，合弁会社の設立などのパターンがあります。

狭義のM&Aには，複数の企業を1つの企業にする効果のある合併，株式譲渡の対価を買い手の株式で支払う株式交換，その際に親会社を新たに設立する株式移転，会社の一部を切り出し，新たな会社を設立する株式分割があります。

M&Aは企業経営の多角化や新規事業進出，海外進出のために使われることが多くなってきましたが，合併のスキームはあまり使われていません。

M&Aの多くは，大企業が自社よりも小さい企業を買収することが多いので，その場合，買い手である大企業のほうが給与を含めた待遇が良いことが多いのです。買収した企業を合併してしまうと，そういった待遇を買い手である大企業に合わせる必要があります。買い手からするとせっかく低コストでオペレーションできる企業を買収したのに，それでは買収のメリットが活かせません。このような事情も合併が最近あまり使われない理由の1つでしょう。

株式交換を含めたこれらのスキームは，大企業同士のM&Aでは使われることが多いのですが，中堅・中小企業同士のM&Aではそれほど使われません。そこでここからは，現金を対価とし，中堅・中小企業同士のM&Aでよく使われる，株式譲渡，新株引受，事業譲渡，会社分割について説明していきます。

1　株式譲渡

株式譲渡について図表４－２にまとめました。国内のM&Aの多くが，この株式譲渡のスキームにあてはまるといえるでしょう。なお，図表４－２の②のように株式譲渡の対価が現金でなく，買い手の株式を対価として支払うパターンが株式交換です。

図表４－２　株式譲渡

株式譲渡とは：株主が取引主体で，株式を譲渡すること。

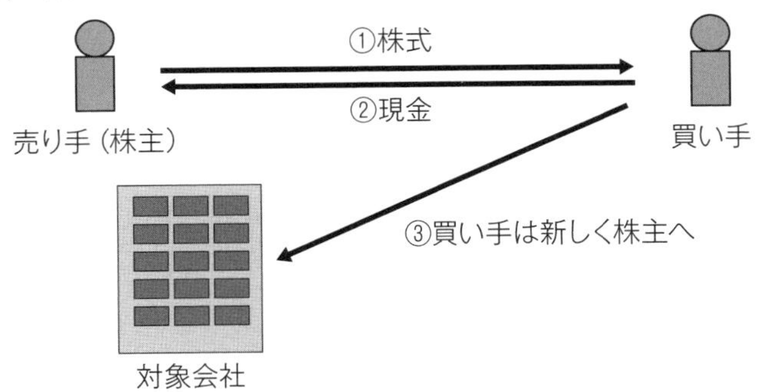

- 手続が比較的簡便
- オーナーが変更するのみで，すべて※の資産，負債，取引上の契約を引き継ぐ
  ※　簿外債務，不利な契約，不正な雇用，環境問題等々を含む。
- 売り手（株主）は現金によるキャピタルゲインを得ることができる

株式譲渡のメリット，デメリットは図表４－３に記載のとおりです。M&Aでは，行政上の許認可や権利を獲得するために買収をすることも多いでしょう。その場合，事業譲渡を使ってしまうと許認可や対象企業の持つ権利，契約関係は新たに再取得，再契約となってしまうため，買収の目的を達成できません。その場合には，株式譲渡を使う必要があります。

図表4－3　株式譲渡のメリット，デメリット

メリット	デメリット
● 売り手は，取引の結果，現金を手に入れることができる。 ● 法的な手続が簡素（株主総会，債権者保護手続などが不要）。 ● 事業譲渡に比べて手続が容易。 ● 行政上の許認可や取引上の契約などが原則，継承される。	● 買い手は，売り手の法人格をそのまま引き継ぐため，簿外債務を引き継いでしまうおそれがある。

※　対価を受け取るのは，会社ではなく，売り手たる株主！

ここで，注意をしておきたいのが，取引基本契約や賃貸借契約には，一般的に株主構成が大幅に変更になった場合には，契約をいったん解除するという項目が含まれている場合があることです。これを「チェンジ・オブ・コントロール条項」といいます。チェンジ・オブ・コントロール条項があるからといって，すべての契約をM&Aで引き継げないということはありません。買い手が大企業で売り手よりも信用度が高い場合には，この条項にかかわらず，契約が引き継がれることも多いのです。この場合の適切な対応は，ケースバイケースですので，契約書の内容の吟味をするとともに，M&Aアドバイザーに相談しながら，進めていってください。

ポイント！

株式譲渡は最も基本的なM&Aのスキームですので，きちんと理解をしておいてください。対象会社の権利義務が引き継げるはずですが，チェンジ・オブ・コントロール条項に注意が必要です。

2　株主保有割合と株主の権利

株式譲渡の際に留意すべきは，何パーセントの議決権を持つかという点です。基本的には最低過半数をとることをお勧めします。ただし，大企業同士の場合では，過半数をとっておけば安心ですが，中堅・中小企業同士のM&Aの場合，基本的には100％の株式を取得することをお勧めします。

図表4－4　株式保有割合と株主の権利

議決権数の要件	権　利　の　内　容
1％以上	株主提案権（会社法303条，304条，305条）
3％以上	帳簿閲覧権（会社法433条） 取締役等の解任請求権（会社法854条，479条） 総会招集権（会社法297条）
10％以上	解散請求権（会社法833条）
1/2超 （普通決議）	経営権の取得（会社法309条1項） 計算書類の承認（会社法438条） 役員報酬額の決議（会社法361条） 役員の解任権（会社法339条） 配当等の剰余金の分配（会社法454条）
2/3以上 （特別決議）	会社の重要事項に関する決議（会社法309条2項，3項） 定款の変更（会社法466条） 組織再編等（会社法309条2項，3項）
3/4以上 （特殊決議）	公開会社でない株式会社が剰余金の配当を受ける権利，残余財産の分配を受ける権利及び株主総会の議決権に関する事項について株主ごとに異なる取り扱いを行う旨を定款で定めるための定款変更の決議（会社法309条4項）

図表４－４には，議決権を何％持っているとどのような権利があるのかをまとめました。特に３％以上議決権を持っている場合に注目してください。そのような株主には帳簿閲覧権があります。これは，会計帳簿を閲覧できる権利です。帳簿には，誰がどこで，いくら，いつお金を使ったのか，といった情報がすべて含まれています。この情報をもとに，株主が会社に対してさまざまな嫌がらせをする可能性もあります。こういった細かい点にも注意し，基本的には100％の議決権をとることをお勧めしています。

株式譲渡のときは100％議決権をとることをお勧めします。少数株主に付与されている権利で，嫌がらせを受ける可能性もあるのです。

3 新株引受

新株引受について説明します。図表４－５のように対象会社が発行する株式を買い手が引き受けるスキームです。

新株引受によって，過半数の議決権を買い手が獲得し，株式譲渡と同様の効果を持ちます。ただし，先に説明したような100％議決権を持つことはできない点に注意が必要です。

また，この場合買い手が支払う対価は売り手ではなく，対象会社に入金されます。対象企業が資金不足でその救済，支援策として採用されるケースを想定されるとイメージしやすいでしょう。

この新株引受には，増資前後で株主の出資比率が変化しない株主割当増資と増資前後で株主の出資比率が変化する第三者割当増資がありますが，詳細まで突っ込んで理解しなくても大丈夫です。ただし，会社法上の手続

図表4－5　新株発行のスキーム

新株引受とは：買収対象企業が新たに発行する株式（募集株式）を引き受けること。

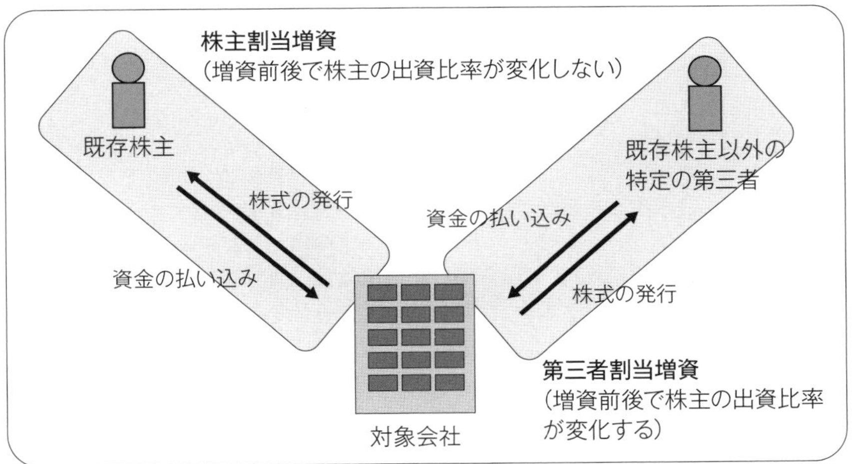

に問題がないよう，弁護士のアドバイスを受けながら進めるほうがよいでしょう。

この新株引受のメリット，デメリットは図表4－6のとおりです。株式譲渡とは異なり，対価を受け取るのは会社ですから，オーナーが創業者利益を受け取って，事業承継というよりはオーナー経営者がそのまま経営を続け，そのために必要な資金を外部から受け入れるというイメージをもっていただくと理解しやすいでしょう。

図表4－6　新株引受のメリットとデメリット

メリット	デメリット
●　上場企業の場合，取締役会決議で第三者割当株式あるいは新株予約権の発行が可能。 特に有利な発行価格でなければ，買収対象企業の既存株主からの同意が得られなくても買収することが可能。 ●　発行側（株主兼代表者）が引き続き会社に留まる場合のインセンティブになる。	●　買い手企業は100%支配権を獲得することができない。 ●　新株発行価格が適正・公正な価格かどうか問題となりやすい。 ●　一定の保有割合を取得するのに，株式譲渡と比較して多額の資金が必要となるケースがある。 ●　対価を受け取るのは会社であるからオーナー引退にはなじまない。

新株発行は対象会社に資金を入れ，新たな資金提供者が既存の株主と併存して新株主となるスキームです。よって，創業者利益を獲得してオーナー経営者が引退する場面よりは，今後の成長のため，外部から新たな資金を受け入れて，それを元にビジネスを拡大していくというイメージになります。

4　事業譲渡

事業譲渡の取引当事者は，対象企業です。株式譲渡の場合の取引当事者が対象会社のオーナー（株主）と買い手であったのに対し，事業譲渡の場合には，対象会社，あるいは対象事業と買い手の間の契約になります。この結果，譲渡の対価はオーナーではなく，対象会社に支払われることになります。事業承継を検討しており，オーナーに譲渡資金が入る必要がある場合には，その先に対象会社からオーナーへ資金を渡す方法の検討が必要です。

長年ビジネスをしていると，会社へのオーナー貸付がある場合が多く，この返済という形であれば税金はかからずに資金移動が可能です。それも難しい場合には，配当や退職金などで少しでも税金が少なく，オーナーの手取りが多くなるような方法を税理士に相談しつつ進めていけるようにアドバイザーとも相談しながら進めていくのがベターです。

図表４－７　事業譲渡のスキーム

事業譲渡とは：会社の事業部門の一部，もしくは全部を譲渡すること。

売り手（対象会社）

①事業の一部
または全部

買い手

②現金

対象会社
・
対象事業

事業譲渡では，一部の事業のみを譲渡の対象とすることが可能です。たとえば会社全体として３事業を運営している企業がそのうち１事業を譲渡することが可能です。株式譲渡の場合は，会社全体の譲渡しかできませんので，これは事業譲渡の大きなメリットの１つです。

これらを含めた事業譲渡のメリット，デメリットを図表４－８にまとめました。ここでもう１つ説明をしておきたいのが，簿外債務を引き継がな

図表4－8　事業譲渡のメリット，デメリット

メリット	デメリット
●　買い手は必要な資産・負債だけを選択して引き継ぐことができる。 ●　簿外債務を引き継ぐおそれがない。	●　売却代金は対象会社に支払われるため，売り手オーナーは現金を手にすることはできない。 ●　契約更改など譲渡対象資産の引継ぎ手続が煩雑である。 ●　行政上の許認可や取引上の契約などが継承されない。再契約により個別に引き継ぐ必要がある。

※　対価を受け取るのは，会社！　オーナーには直接対価が支払われない！

いというメリットです。

簿外債務とはB/S（貸借対照表）に記載されていない債務のことで，具体的には売り手も認識していなかった残業代の未払などが該当します。株式譲渡の場合，対象会社のすべての権利，義務を引き継ぐことになりますので，万一，譲受後にこのような残業代の未払が生じた場合には，対象会社を通じて買い手が負担することになります。もちろん，これを防ぐためにデュー・デリジェンス（以下，DD）を実施し，契約書に損害賠償責任などを詳細に記載することによって対応していきます。

事業譲渡の場合，譲渡対象となったものを契約で1つひとつ定義していきますから，契約書でリストアップされるはずのない簿外債務は引き継がれることがないのです。したがってDDの負担が非常に軽くなります。さらに，事業譲渡ではその重要性に応じて株主総会の決議が必要であり，1つひとつの契約を引き継がなければならない手続上の煩雑さというデメリットがありますが，中小案件の場合，譲渡対象となる契約数もそれほど

多くなく，株主総会の決議も，実質上オーナー経営者の単独での決定か，少人数で満たされることも多く，デメリットよりもメリットが多いため，比較的よく利用されるスキームなのです。

大規模M&Aにおける事業譲渡は，デメリットが多く，あまり利用されないスキームですが，簿外債務を引き継ぐリスクがないなどメリットも大きいのです。

5　会社分割

手続が簡便で契約関係を包括承継できる反面，債務承継，簿外債務などのリスクのある株式譲渡，そして，簿外債務などのリスクはないが，手続が煩雑な事業譲渡について述べました。この両者の中間に位置する手法として，会社分割による対象事業の取得という手法を検討する余地もあります。会社分割のイメージは図表4－9のとおりです。

上記のように，譲渡対象事業を会社分割により新会社に移転したのち，

図表4－9　会社分割のスキーム

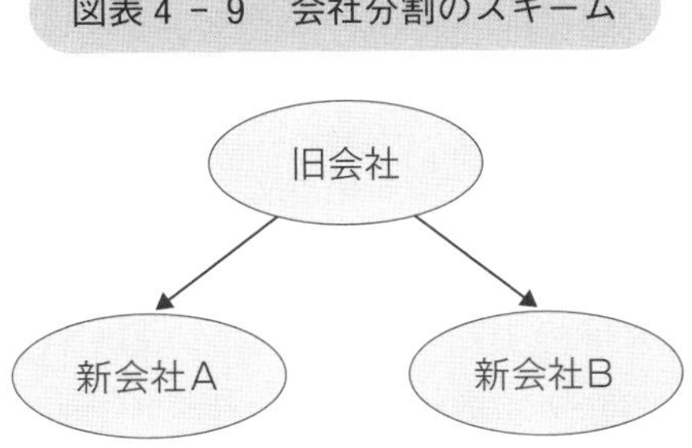

買い手が新会社の株式を取得することにより，対象事業を取得する形式です。

この方法によるメリットとしては，包括承継のため，事業譲渡と比べて契約関係の移転手続がシンプルである点，また転籍させる従業員から個別に同意を得る必要がない点などがあります。デメリットとしては，手続に時間がかかることが挙げられます。

また，この方法によった場合でも，許認可などが失効しないか，取引先との取引契約に抵触しないかなどの確認は必要です。ただし，法的な手続が株式譲渡や事業譲渡より複雑ですので，弁護士と手続に漏れがないか相談しつつ，進める必要があります。

会社分割によって，契約や許認可などの移転手続を個別にすることなく，簿外債務などのリスクも低減しつつ，M&Aを進めることができますが，手続に時間がかかり，法的な手続も複雑ですので，弁護士と相談しつつ進めてください。

6 スキームを検討する際の留意点

スキームを検討する際の留意点を以下にまとめておきます。

● 経営権取得（持ち株比率50%超取得）か業務提携重視か

買収目的が，経営権の取得による事業のコントロール（経営陣，経営方針，財務等の支配）の場合には100%取得が望ましく，過半数の議決権を獲得する必要があります。

また，経営権取得よりも業務提携が主目的の場合，持ち株比率にこだわる必要はありませんが，より緊張感のある提携にするため，株主総会の特別決議を否決できる持ち株比率1/3超の取得を目指すこともあります。

● 買収対象企業の財務状況

対象企業に簿外債務がある可能性がある場合や債務超過の場合，リスクを軽減するため事業譲渡により譲り受ける資産負債の選定を検討します。

● 親会社との統合をスピーディーに行うのか，しばらく対象企業の経営方針を維持するのか

対象会社の経営方針を維持する場合には，株式譲渡，50％超の新株引受や株式交換を利用して統合を慎重に進め（子会社としてコントロール），組織の統合をスピーディーに進める場合には合併または事業譲渡で親会社と対象会社を一体化する方法を検討するとよいでしょう。

● 売り手の対価としての希望条件および買い手の資金力

売り手が対価として現金を希望している場合には，株式譲渡が検討対象となります。事業譲渡や新株引受の売買代金の対価は現金ですが，現金を受け取るのは対象会社となるためです。

対価の支払方法が，現金以外でも問題ない場合には，株式交換，合併，吸収分割も検討可能です。ただし，非上場会社の株式の交付については，換金性に問題があるため，一般的には採用されないケースが多いことに注意が必要です。

ポイント！

スキームを決めるポイントはいくつかありますが，何のためにM&Aを実行するのか，M&A後に何をすべきなのか，を改めて整理し，目的達成のために必要なスキームを選定できるように意識してください。

7 M&Aにかかる会計および税務のポイント

株式譲渡の会計・税務処理を図表4－10にまとめました。基本的には，利益が生じる個人や法人に税金が発生すると考えてください。

なお，M&Aにかかる税務処理は最終的に売り手に入るキャッシュ，買い手が負担すべきキャッシュに直接関わるものですから，必ず税理士と相談のうえ業務を進めてください。

株式譲渡で利益が発生する可能性があるのは，売り手です。したがって，売り手には税金負担が生じると考えてください。

図表４－10　株式譲渡の会計・税務処理

<ケース>

- Ｂ社（対象会社）の発行済株式数100株，発行時の取得価額８円/株，現在の時価10円/株
- Ａ社（買い手）はＢ社株主（売り手）から80株を時価で取得，税率は30%

(1)　会計処理

Ａ社（買い手）	株　式 800／現　金 800	10円×80株＝800円が，Ａ社がＢ社株主に支払うべき金額となる。その金額がＡ社の貸借対照表に株式（80%の場合，子会社株式）として計上される。
Ｂ社（対象会社）	仕訳なし	Ｂ社にとっては株主が変動しただけで，会社財産に変動はないため会計処理の必要はない。
Ｂ社株主 （売り手）	現　金 800／株　式 640 売却益 160	Ｂ社株主は，所有していた株式のうち80株分（８円×80株＝640円）を受け取った金額800円で売却したことになる。差額は売却益となる。

(2)　税務処理

Ａ社（買い手）	なし：Ａ社は株式を取得しただけなので，課税関係は生じない。
Ｂ社（対象会社）	なし：株式の売買を実施していないので，課税関係は生じない。
Ｂ社株主 （売り手）	（株主が個人の場合） 譲渡所得として，売却益160に対し，約20%の所得税および住民税が課せられる。 （株主が法人の場合） 売却益160に対して，通常法人の実効税率（約30%）で課税される。

次に事業譲渡についての会計・税務処理を図表４－11にまとめました。

事業譲渡のケースでは，利益が出る可能性があるのは売り手であるＢ社です。税金は，ここで発生しますので，注意してください。

なお，事業譲渡は資本取引である株式譲渡とは異なり，消費税の課税取引です。印紙税もかかりますので，税理士に確認しつつ，ミスのないように手続を進めるようにしてください。

図表４－11　事業譲渡の会計・税務処理

<ケース>

- Ｂ社（売り手）の事業Ｚ（資産簿価80円，時価100円，負債簿価20円，時価20円）をＡ社（買い手）に移転
- Ａ社は現金120円を支払いＢ社から事業Ｚを取得，税率は30％

(1)　会計処理

(仕訳) 買い手（Ａ社） 資　産 100／負　債　20 のれん　40／現　金 120	Ａ社は資産および負債を時価で引き継ぐ。資産と負債の差額（時価純資産）と支払った現金との差額は，のれんとして処理され毎期（税務上５年間）償却される。
(仕訳) オーナー株主 仕訳なし	仕訳なし
(仕訳) 売り手（対象会社Ｂ社) 負　債　20／資　　産　80 現　金 120／譲渡損益　60	Ｂ社は，所有していた資産および負債の消滅を認識する。また，資産と負債の差額（簿価）と受け取った現金との差額は譲渡損益となる。事業を1つの大きな資産と捉え，その売却益だと捉えるとよい。

(2)　税務処理（法人税）

買い手（Ａ社）が支払うべき税金	なし：Ａ社は事業を取得しただけなので，税金は発生しない。
オーナー株主	なし
売り手（対象会社Ｂ社）が支払うべき税金	通常，会計上の譲渡損益相当額が税務上の譲渡損益となりこれに対して課税される。したがって，ここでは 税額＝{120－（80－20)}×30％＝18 となる。

※　事業譲渡は消費税の課税取引に該当するため，課税対象資産がある場合には消費税の対象となる。

最後に図表４－12に新株引受の会計・税務処理をまとめました。

新株引受の場合には，買い手であるＡ社も対象会社であるＢ社にとっても資本取引であり，利益も生じませんから，法人税も消費税も対象となりません。

図表４－12　新株引受の会計・税務処理

<ケース>

●　Ｂ社（売り手）の発行する１株当たり50,000円の新株（募集株式）1,000株をＡ社が引き受ける

(1)　会計処理

(仕訳) 買い手（Ａ社） 投資有価証券 50,000,000／現金 50,000,000	
(仕訳）オーナー株主 仕訳なし	仕訳なし
(仕訳）売り手（対象会社Ｂ社） 現　　金 50,000,000／資 本 金 50,000,000	半分以上を資本金にして，残りを資本準備金にすることも可能。

(2) 税務処理（法人税）

買い手（A社）が支払うべき税金	なし：A社は株式を取得しただけなので，税金は発生しない。
オーナー株主	なし
売り手（対象会社B社）が支払うべき税金	B社も資本金（あるいは資本金と資本準備金）が増加するのみで原則課税関係は生じない。 新株発行に要した費用は株式交付費と呼ばれ資産に計上し，3年間以内に均等額以上を償却するか一時に経費として処理する。

※　資本金額により与えられる税の優遇制度が設けられている。増資後の資本金額と失う優遇制度との検討が必要。資本金1億円超の外形標準課税，資本金5億円以上の会計監査など。

M&A にかかる会計，税務は複雑です。基本，利益が生じるところに税金もかかります。安易に判断せずに，必ず，税務については税理士に，上場企業などで M&A 後の会計処理の検討が重要な影響を持つ場合には，監査法人や公認会計士に，適宜相談しつつ検討を進めてください。

第5章 バリュエーション

1 バリュエーションの必要性

企業や事業の価値を算出する作業を「企業（株価）評価」や「事業評価」や「バリュエーション」と呼びます。

M&Aは売買取引ですから売買価格がいくらかによって，その取引が成立するか否かに大きく影響を及ぼします。したがって，売買対象となる株式や事業等の価格が，どのようにして決定されるかどうかは，極めて重要なプロセスです。

通常，売り手の経営者は自社の価値を高く評価する傾向にあります。売り手の経営者にとって会社は子供のような存在であり，思い入れやこれまでの苦労もあるため，当然でしょう。しかし，売り手の希望だけを買い手に単純に主張していても交渉は成立しません。この問題を解消するため客観的な評価に基づく評価が必要です。ただし，最後は売り手と買い手が合意すればよいのです。本章は最終的に売り手と買い手が主観が一致するまでのプロセスで利用されるものと考えてください。

客観的なバリュエーションがM&A成立のカギとなります。

2 バリュエーションが必要なタイミング

最初に，M&Aのプロセスでどんなタイミングでバリュエーションをしていく必要があるのかを押さえておきましょう。

2.1 売り手の希望価格をまず決めて土俵に上がる

図表5－1をご覧いただくと，バリュエーションが多くの場面で必要となっていることがわかります。M&Aの手続は，売り手の立場から売却希

図表5－1 バリュエーションの必要なタイミング

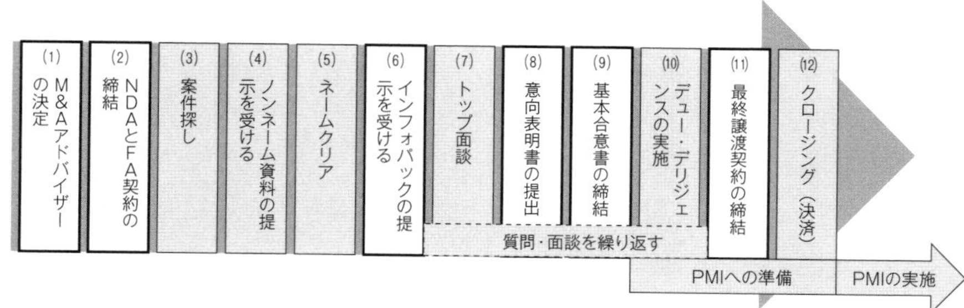

(1)(2) 売り手が売却希望価格を設定
(6) 買い手目線の買収希望価格を設定
(8) 必要に応じて，＊＊円から＊＊円といった買収希望価格を意向表明書に記載
(9) 事前の情報，資料精査により譲渡価格の設定
(11) DDの結果，譲渡価格を変更する必要が生じた場合に，最終譲渡価格を決定

望価格を決めるところから始まります。

売り手からは，前もってどのくらいの価格がつくかを聞いておきたいと依頼されることもありますが，その要望に応えるのはなかなか難しいことです。

皆さんが買い手の立場だとして，1百万円になるのか1億円になるのかただちにわからない会社に，見当で値段をつけることは可能でしょうか？売り手が値段をつけ，それを買い手がよしとするのか，あるいは値下げを要求できるような要因があるのかを調査してから始めないと交渉になりません。また，多くの買い手には，たくさんの案件が持ち込まれています。適切な売却希望価格がついていない案件は，その時点で検討対象から脱落することもあります。まずは，他の案件と同じ土俵に上がるためにも，売り手から根拠のある売却希望価格をつけることが重要なのです。

2.2 買い手は売却希望価格を見て買収希望価格を設定

買い手は，売り手の売却希望価格をベースに，自身の予算等を視野に入れつつ買収希望価格を決めていくことになります。これはまさに交渉の過程で行うことですので，すぐに決定するわけではありません。売り手の希望価格にも前提がありますので，その前提をベースにお互い理詰めで進めていく必要があります。

この交渉は，売り手は1円でも高く売りたい，買い手は1円でも安く買いたいという完全に両者の利害が対立した状態で行われることとなりますので，M&Aアドバイザーの意見も聞きながら進めていきましょう。こうした難しい調整を任せることができるM&Aアドバイザーと出会えるかどうかも，価格決定のうえで大きなポイントになります。

2.3 交渉を踏まえ暫定の買収希望価格を意向表明書に記載

交渉の過程を経て，意向表明書を出す段階にきた場合，通常は買収希望価格を意向表明に記載します。意向表明は，通常，基本合意契約の前，デュー・デリジェンス（以下，DD）の前に出されます。売り手から買い手へのすべての情報提供は，DDの前になされないことが通常です。

したがって，この意向表明の段階では金額を明記することができない場合もあります。その場合，＊＊円から＊＊円までと幅を持たせて意向表明書に記載するのが通常です。

2.4 デュー・デリジェンスを経て最終譲渡価格を決定

DDが終了するまでには通常，その案件にかかる必要な情報はすべて売り手から買い手に提供されます。この段階では，意向表明において幅をもたせておいた金額も，最終的な譲渡価格として決定されます。

DDでは，それまでの交渉や情報交換では見抜けなかった簿外債務や財務処理のミスなどが発見されることがあります。具体的には，残業代の未払いが発見されるなどのケースです。この場合，売り手と買い手の信頼関係にヒビが入り，交渉がブレークする可能性もあります。

しかし，DD終了後は，それまでに買い手がかなりの時間とコストをかけているため，条件の調整で契約を締結させることが多いでしょう。先の例でいうと，残業代の未払金額を算定し，譲渡前に精算してしまうなどの方法で，リスクを買い手に移転させずに契約を締結する方向で調整するわけです。その場合，当初決めていた譲渡価格はその分，減額されることになります。

ポイント！

バリュエーションはM&Aのプロセスのあらゆるところで必要となってきます。そしてその担当者の中心はM&A担当者です。まずは，どの場面でどのようなバリュエーションをすべきかを押さえておいてください。

3　企業評価はキャッシュ・フローで考える

企業評価をしていくときに大切なことは，将来の収支予測を利益ではなくキャッシュ・フローで考えることです。それには，以下のような理由があります。

2021年8月現在，上場作業は約3,700社もあり，うち約250社がIFRS（国際財務報告基準）を適用しています。一部ではありますが，米国基準を採用している企業もあります。採用する会計基準が違えば，同じ会社の決算でも利益が違ってきます。会計基準の選択以外にも，減価償却の方法は定額法だけでなく，定率法やその他の方法を使うこともできます。耐用年数も経済実態に合致していれば，その年数を企業が独自に決めることができるのです。

誤解を恐れずにいえば，利益はある程度調整可能なのです。採用する会計基準が違うとさらに数字にブレが出てしまうので，それをベースに投資の意思決定ができるはずがありません。

これを，キャッシュ・フローに置き換えると，お金がいったいいくら増えたのか・減ったのかということだけを考えることになりますから，会計基準が違っていようが，減価償却の処理の方法が違っていようが，結果は全く同じになるのです。これが企業評価をする際に利益ではなく，キャッシュ・フローを使わなければならない理由です。

バリュエーションには利益を使ってはいけません。同レベルで企業価値の比較をするには絶対にキャッシュ・フローで考える必要があります。

4 企業価値評価の種類

図表５－２に代表的な企業評価の方法である時価純資産法，DCF 法，類似上場会社比較法について簡単にまとめました。

4.1 時価純資産法

ネットアセット・アプローチである時価純資産法とは，貸借対照表（以下，B/S）の純資産を企業評価額とする方法です。土地，建物などの固定資産は時価評価されていませんし，非上場企業の場合には，B/S が実態を表していないケースも多いため，精査をしたうえで，時価純資産を企業評価額とすることが実務的には多いです。客観的に算定ができる反面，実態としては清算価値を算出しているようなものですから，将来キャッシュ・フローや時間価値を一切考慮していないという問題があります。

時価純資産法は客観的な評価方法ですが，将来キャッシュ・フローや時間価値を一切考慮していない点に注意してください。

4.2 DCF 法

インカム・アプローチである DCF 法を採用した場合，理解しなければいけないことが２点あります。１つは割引計算で，一般のバリュエーションやファイナンスの解説書ではかなりのページ数を使って説明されています。それだけなかなか理解するのが難しく，本当の意味で理解して自力で計算をするのも困難です。

図表5－2　企業評価の方法

	メリット	デメリット
時価純資産法 （ネットアセット・アプローチ）	● 土地などのストックを多く有する企業の場合は現在の資産価値を評価に盛り込むことが可能となる。 ● 客観性がある。	● 個別の資産の評価を前提としており，企業が将来にわたって事業を継続することが考慮されない。
DCF 法 （インカム・アプローチ）	● 買収によって，創出するシナジー効果やバリューアップ効果を金額として明示することが可能である。 ● 買収後の事業計画を事前に策定することで，買収後の事業運営上の目標設定が可能である。	● 将来損益も予測や割引率の設定において，主観が入りやすい。 ● パラメーターの設定が他の評価手法に比較して複雑である。 ● 他の手法に比して価値算出まで手間がかかる。
類似上場会社比較法 （マーケット・アプローチ）	● 過去の取引事例などの客観的な数値を使用する手法であり，買い手，売り手の間で算出根拠に対する意識のズレが発生しにくい。 ● 倍率となる数値は公表数値が中心であり，取得が容易であるため，比較的簡易に算出を行える。	● 業種によっては買収対象事業と類似したビジネスモデルや規模の会社を探すことが困難である。

それに加えて，DCF 法では「将来のキャッシュ・フロー」を計算しなければなりません。将来キャッシュ・フローを計算するとは，簡単にいうと，ある投資案件や買収対象の会社が将来一体いくら稼ぐのかということを見積もることです。これは事業計画をベースに計算をしますが，これだけビジネス環境の変化が激しいご時世に，事業計画を５年後，10年後，20

年後まで正確に見積もるのが難しいことはおわかりでしょう。したがって，よほど規模が大きく，事業計画や中期計画の立案に慣れているスタッフが揃っている会社でないと，DCF 法を使って意思決定をしていくのは難しい作業といえます。とはいえ，会社の価値を計算するベーシックな方法です。

一方で，買収を検討する段階では儲かっていないものの，今後の成長に期待して買収をする場合には，DCF 法を採用せざるを得ません。たしかにコストはかかりますが，DCF 法が利用できないという段階で，将来の成長に期待を込めた高額での売買はできないと考えてください。

次に具体的な数字を使って，DCF 法で評価してみます。図表５－３に「割引率を10%，成長率を５%として計算してください」と書いてありますが，これについては後ほど説明をします。先に計算結果だけを確認してみましょう。計算結果は，Ａ案の場合は1,058億円になり，Ｂ案の場合は，657億円となります。図表５－３の合計欄に記載されている金額がそれぞれの DCF 法の計算結果です。

ターミナルバリューの欄に1,050億円，630億円というとても大きな数字が入っていますので，これについて説明をしておきます。

Ａ案を例にとってみると，５年目までしかキャッシュ・フローを考慮していません。その先，６年目以降のキャッシュ・フローをどのように見積もるのかという問題があります。もちろんこの先もビジネスは続いていくでしょう。通常，中期計画，あるいは将来のキャッシュ・フローを見積もる場合でも，せいぜい５年間ぐらいしか見込んでいません。それより先は予測がつかないという会社がほとんどですので，いったん５年目ぐらいで見積りをやめてしまうケースが多いのが実状です。

実際に M&A を検討する際にも，事業計画や，中期計画などをベースに会社の価値を算定することが多いのですが，５年間分の情報しかないケースがほとんどです。しかし，会社や事業が５年間で終わるということは通常考えられず，その後のキャッシュ・フローを見積もる必要性があり，

図表５－３　DCF 法Ａ案の計算結果

設例：

以下の２つの投資案件のうち，どちらを優先すべきか，DCF 法をベースに判断してください。なお，割引率を10%とします。成長率を５%として計算してください。

（単位：億円）

	Ａ案	割引現価係数	現在価値
投資額	100		△100
回収額			
１年目	10	0.909	9
２年目	20	0.826	17
３年目	30	0.751	23
４年目	40	0.683	27
５年目	50	0.621	31
ターミナルバリュー	53		1,050
合計			1,058

	Ｂ案	割引現価係数	現在価値
投資額	100		△100
回収額			
１年目	20	0.909	18
２年目	30	0.826	25
３年目	50	0.751	38
４年目	40	0.683	27
５年目	30	0.621	19
ターミナルバリュー	32		630
合計			657

その方法の１つが，このターミナルバリューなのです。

５年目のキャッシュ・フローは，Ａ案では50億円と記載されています。ターミナルバリューを計算する際には，まずその翌年のキャッシュ・フローを見積もります。成長率が５％と設定されていますので，この50億円が，翌年に５％成長するという前提で計算をします。50億円×1.05で，52.5億円になります。図表５－３では四捨五入して53億円と記載しています。

この数値52.5億円を５％（割引率10％－成長率５％）で除すと，1,050億円という計算結果になります，これがターミナルバリューです。具体的にこの52.5億円のキャッシュ・フローが永久に５％成長をし続けた場合，その合計値を今の価値に引き直すと，1,050億円の価値になるというのがターミナルバリューの計算なのです。厳密にいうと，この1,050億円は６年目における価値であるため，現在価値を算定するには，ここからさらに割引計算をする必要があります。しかし，中小・中堅企業のM&Aでは，ターミナルバリューを考慮したDCF法の結果をもって売買が完了することは極めて稀ですので，ここまでの説明とし，読者の皆さんにはターミナルバリューのイメージをつかんで頂ければと思います。

DCF法を利用する際に，ターミナルバリューの意味とそれを採用するかどうかに注意をしてください。

4.3 類似上場会社比較法

３つ目は，マーケット・アプローチである類似上場会社比較法です。これは，実際の投資意思決定をする際の参考には，あまりならないでしょう。

図表5－4　類似上場会社比較法の計算例

＊前提条件： 評価対象企業：Ａ社 評価基準日：2022年５月１日 類似上場会社：Ｂ社 倍率計算に使用する財務指標：１株当たり税引き後利益 直近決算日：2022年３月 類似上場会社（Ｂ社）： 2022年３月期の１株当たり税引き後利益130円 2022年５月１日株価終値1,950円，株価倍率15倍（1,950÷130＝15） 評価対象企業（Ａ社）：2011年３月期の１株当たり税引後利益200円 Ａ社の株式評価＝200円×15倍＝3,000円

上場している同業の会社の株価を参考にして，「うちの会社の株価は，だいたいどれくらいなのだろう」と類推する方法なので，参考にはなりますが，これだけで意思決定するのはとても危険な方法です。具体的な計算方法は，**図表５－４**のとおりであり，難しくはありません。

図表５－４では，上場会社の時価を前提に，ここでは１株当たり税引後利益を使って，上場企業の株価と１株当たり税引後利益の比率をベースに非上場企業の株価を類推する方法です。実際には１つの上場会社だけではなく，複数の上場会社を比較対象とし，１株当たり税引後利益を使うだけでなく，たとえば１株当たり純資産など株価に一定の関係があると想定される指標もあわせて算定することが通常です。

マーケット・アプローチである類似上場会社比較法だけでバリュエーションをするのは無理があります。しかし，参考にはなる方法ですので，あくまでも参考値を知るというスタンスで有効活用してください。

4.4　その他の方法

■　回収期間法

回収期間法は，投資金額を何年で回収できるのかを計算する方法です。企業価値を具体的に＊＊円と算定する方法ではないため，図表５－２には記載していませんが，重要な概念であるため，ここで少しだけ触れておきます。

たとえば，ある投資案件において，投資金額を回収するまでに150年かかるとわかった場合，投資する人はほとんどいないでしょう。しかし，５年間程度で回収できるのであれば検討の余地はあるでしょう。妥当な年数はビジネスの種類によって異なりますが，いくつかの投資案件があったときに，あまりにも非現実的な売買価格を選別する判断材料となるため便利な方法です。また最終意思決定をするときに回収期間で考えることもあります。ベーシックですが重要な概念なので，簡単な例で回収期間法の説明をします。

図表５－５に具体例を示していますので，ご覧ください。A案の投資額は100です。リアリティーを出すために100億円としましょう。B案も同じように100億円の投資です。ただし，１年目以降のキャッシュ・フローが異なっています。A案の場合は，10，20，30，40，50と徐々に増えていくのに対して，B案は20，30，50，40，30と当初は儲かるものの，３年後にピークを迎えて落ちていくという見込みが立っています。

図表5－5　回収期間法の具体例

設例：
以下の2つの投資案件のうち，どちらを優先すべきか，
回収期間をベースに判断してください。

	A案	B案
投資額	100	100
回収額		
1年目	10	20
2年目	20	30
3年目	30	50
4年目	40	40
5年目	50	30

4年目で回収　3年目で回収

回収期間法は，この投資金額100億円を何年目で回収できるのかという計算をしているだけなのです。

A案の場合は4年目で投資した100億円を回収できます。B案は3年目で投資した100億円を回収できます。回収期間をベースにすると，B案のほうが有利，ということになります。シンプルですが，投資した資金を早めに回収するというのはビジネスの鉄則でもありますので，この感覚を忘れないでください。

回収期間法のメリットは計算が簡単なことです。いくつかの投資案件があったときに，だいたいどの案件が良いか悪いかというところを判定することに適しています。

デメリットとしては，投資資金を回収した後にいくらもうかるかということを考えていない点が挙げられます。3年間資金を回収したけれども，B案ではだんだん稼ぎが悪くなる見込みです。A案は回収に4年間かかり

ますが，５年目は結構稼いでいます。このように，回収期間法では投下資金を回収した後の収益を考慮しないというデメリットがあります。

さらに，回収期間法は時間価値も考慮していません。DCF 法の箇所で詳しく説明しますが，来年100億円回収するのと，５年後に100億円回収するのと，いずれの価値が大きいのかということをファイナンスの世界では考える必要がありますが，回収期間法はその時間価値を全く計算に入れていないというデメリットがあります。

回収期間法はシンプルな方法で，時間価値を考えていないなどのデメリットがありますが，投資判断の意思決定をするには重要な方法です。

■ 内部利益率法

内部利益率法も，回収期間法と同様に投資案件の選別が必要なときに使いやすい方法です。

図表５－６に記載したとおり，キャッシュ・フローがゼロになる利益率（内部利益率）を算定し，内部利益率が大きいほうが有利な投資案件であるとする方法です。DCF 法と同様の割引計算をしていますので，利益率（DCF 法の割引率）が大きければ，将来キャッシュ・フローが大きいわけです。実際には Excel の IRR 関数を使ってしまえば，簡単に算定できます。簡単な方法ですが，率でしか結果を算定できませんので，絶対額の大小を判定できないという弱点があります。

図表５－６のＡ案，Ｂ案の右側に記載されている数値は，算定されたＡ案の内部利益率12%，Ｂ案の内部利益率19%を割引率として，割引現在価値が０になっていることを検算した結果です。

図表5－6　内部利益率法

割引率　12%

年数	現価係数	A案	
0	1	−100	−100
1	0.893	10	9
2	0.797	20	16
3	0.712	30	21
4	0.635	40	25
5	0.567	50	28
		12.01%	0

割引率　19%

年数	現価係数	B案	
0	1	−100	−100
1	0.840	20	17
2	0.706	30	21
3	0.593	50	30
4	0.499	40	20
5	0.419	30	13
		19.07%	0

IRR算式で算定。比率の大きいほうが有利

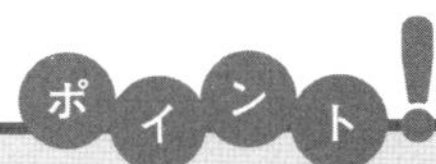

内部利益率法は，エクセルのIRR関数を使えば簡単に計算できますが，検算の方法を押さえておくと便利です。

5 ターミナルバリューの考え方

ターミナルバリューの計算方法に興味のある方は，ぜひ一般のファイナンスの教科書などを参照してください。ターミナルバリューで留意すべき点は，論理的背景よりも，これを企業評価の計算結果として採用していいのかという問題なのです。筆者は常に危険だと考えています。

4.2 DCF 法での例において，5年目まで精度の高いキャッシュ・フローの見込みをしたにもかかわらず，図表5－3のA案では，それまでの価値が8億円しかありません。一方でこれに対応するターミナルバリューが1,050億円あって，合計が1,058億円ということは，ほとんどがターミナルバリューの価値になってしまいます。このような DCF の計算方法の結果を見たとしたら，本当にこれでいいのだろうかと，素朴な疑問を持つのが自然でしょう。

専門家が作成する DCF 法の計算結果でこのようなものが出てこないとは限りません。専門家が言っているからといって，それを鵜呑みにするのではなく，キャッシュ・フローが永久に成長し続けるという前提をとるべ

図表5－7　ターミナルバリューとは

ターミナルバリューとは

将来にわたって永久にキャッシュ・フローを生み出すと仮定した場合の価値

計算方法

予測期間の翌年のフリー・キャッシュ・フロー
÷（割引率（加重平均資本コスト）－成長率）

きなのか，いったん落ち着いて考えてみてください。10年間，20年間であれば，まだあり得るかもしれませんが，成長や同じレベルのキャッシュ・フローが永久に続くなんてことは，普通に考えるとあり得ません。経営者，あるいはM&A担当者としては「どんな前提でターミナルバリューを計算しているのですか」と質問できるようになっておいてください。

ターミナルバリューを採用できない場合の対処法としては，キャッシュ・フローをもう少し長く見積もる方法があります。

たとえば，ゲームのアプリを作っているような会社であれば，ビジネス環境の移り変わりが速いため通常は５年間ぐらいで投資金額を回収したいと考えます。よって５年間のキャッシュ・フローをベースに企業価値の評価をします。ゲームのアプリをとりまく環境が５年後はどうなっているかわからないからです。少しでも早い期間で投資金額を回収したいと考えるのが，買い手としては自然でしょう。もちろん，５年後に現行の規模の10倍，20倍になっていると予測し，ターミナルバリューを多額に見積もって買収するという考え方もあり得ます。これこそ経営意思決定そのもので，絶対的な答えはありません。しかし，その前提としてターミナルバリューの意味とデメリットを正確に理解しておくことが必要条件になります。

一方で，極めて安定しているインフラ系，たとえば，ガス会社とか電気会社などであれば，将来キャッシュ・フローを20〜30年間程度見積もることも多いでしょう。

このように将来キャッシュ・フローを見積もる年数というのは，皆さんが投資対象とするビジネスの特性を見て決めていくべきなのです。面倒だからといってターミナルバリューを算出して終了するような方法は，とても危険です。

ターミナルバリューの説明の最後に補足しておきます。図表５－３ではあえて書いていないのですが，ターミナルバリューの1,050億円という価値は，６年目での価値なのです。ですから，実際にDCF法で計算する際には，ここからまた現在の価値に割引し直さないといけません。したがって，実際には1,050億円よりもかなり企業価値が減ることになることを，念のため付け加えておきます。

ここで，成長率，ターミナルバリューにおける論点について以下にまとめました。

- そもそも，一定の成長率を定義できるビジネスがあるか？
- ターミナルバリューを想定するということは，将来キャッシュ・フローの見積りを放棄している。
- 何年で回収する必要があるのか。
- 資産の残存価値を見る前提は，将来キャッシュ・フローの見積り最終年度に売却し，キャッシュ・インが確実な場合に限られる。

そもそも一定の成長が永続するビジネスはほとんど考えられないため，慎重に成長率を設定する必要があることは改めて指摘しておきます。

ターミナルバリューを採用することは，言い方を変えれば，将来キャッシュ・フローの見積りを一部放棄していることになるので，当該案件が何年間で回収すべきビジネスなのか，それをベースに将来キャッシュ・フローを見積もる期間を自分で決めることが重要なことを説明してきました。

DCF法でキャッシュ・フローを見積もる際に，資産の売却金額を将来キャッシュ・フローとして認識する場合がありますが，これは見積り最終年度に当該資産の価値があり，キャッシュ・インが確実な場合に限り認識することが重要です。

このように，DCF 法を利用する場合には原理・原則を理解したうえで，テキストに書いてあるからといって形式的な計算だけをすればよい，というスタンスは避けてください。

ターミナルバリュー，成長率を計算問題のように所与として捉えず，1つひとつ意味合いを確認しつつバリュエーションをしていってください。

6　割引率設定のコツ

6.1　割引計算の意味

DCF 法の肝となるのが割引計算です。割引計算を考える場合に，まず今のお金の価値と，1年後，2年後のお金の価値が同じなのか，違うのかという視点を理解していただく必要があります。

図表5－8をご覧ください。今持っている100円が，何もせずに1年間，2年間と時間が経過した場合でも，「100円の価値は100円」と考えるのが一般的でしょう（①)。しかし，ファイナンス理論の世界では違います。

たとえば，10%利息がつく安全な投資案件あるいは定期預金がある場合，ファイナンスの世界では，投資をするか，銀行に預けて10%の利息を受け取ることが前提になります。ファイナンスはそういった行動をとる人をモデルにして考えられており，そのようなモデルを「合理的な経済人」と呼んでいます。

ゆえに，10%の利息がつく場合，今の100円は1年後には10%増えて110円になっていると考えるのが，ファイナンスの割引計算の前提になります。

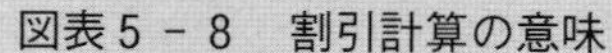
図表５－８　割引計算の意味

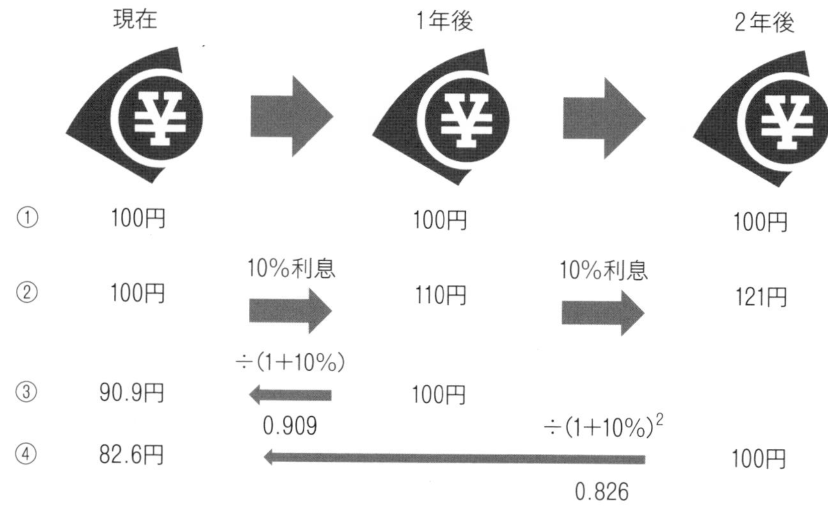

この110円は，複利10％で回り，２年後には121円に増えている（②）のが当然で，ファイナンスを知っている人であれば，それくらいの選択は自然に行うだろうという前提で考えられているのです。

割引計算とはこのような「合理的な経済人」の行動を前提として，逆算をします。１年後の100円というのは，今の価値に直すと，いくらなのかと考えるわけです。10％の利息ですから，この問題を解けばいいわけです。

100円：110円＝x：100円

計算すると，

x ＝90.9

になります（③）。

2年後は，10％の利息が複利で効いていますから，1.1の2乗で，100円×1.1×1.1＝121円が2年後の価値になるわけです。ここで，2年後の100円の今の価値を上と同様の式で考えると，

$$100円：121円＝x：100円$$
$$x＝82.6円$$

になります（④）。

割引計算自体は，表計算ソフトで行われることが多く，割り算よりも掛け算のほうがやりやすいと思う方も多いため，掛け算で計算できるように，0.909，0.826という数字を使います。これを割引現価係数と呼びます。

たとえば，上の例で1年後の100円の今の価値を算定しようとすれば，1／（1＋10％）＝0.909が割引現価係数となります。これを使えば100円×0.909で90.9円という答えが出せます。2年目の割引現価係数も同じように計算できます。1／（1＋10％）の2乗＝0.826となるわけです。

この例では，仮に10％とおきましたが，この10％をどうやって決めていくのか，というのが次に問題になるわけです。

6.2　割引率の計算

ここでは考え方を少し変える必要があります。企業においては，何もせずに増える利息はありませんが，何もしなくても負担しなければいけないコストがあるはずです。

この前提で負債にかかるコストは何％でしょうか。また，株主資本にかかるコストは何になるのでしょうか。

■ 負債にかかるコスト

負債にかかるコストというのは簡単にいうと借金をするためにかかるコストです。お金を借りていれば，当然利息を負担します。

仮に利息が２％だった場合，借入れをした企業は，少なくとも２％の利益をあげなければ利息すら返せない状況になってしまいます。お金を借りたら，当然元本まで返済しなければいけないわけなので，この利息相当分だけは，黙っていても絶対に稼がないと話になりません。１年後に２％価値を増やしたとしても，それは利息で消えていってしまうので，たとえば今100円持っていても，１年後２％利息を支払わないといけません。２％増やしても，100円が，100×1.02で，102円になるだけです。さらに，その２円は利息でなくなってしまうわけなので，今の100円と１年後の102円は価値が変わらないと考えるわけです。

現在の100円が１年たって100円のままにしかならないと予想される場合，１年後の100円は今の100円分の価値がないと考えるのがファイナンスの考え方です。

図表５－９に，「加重平均」という言葉が記載されています。一定以上

図表５－９　割引率の算定

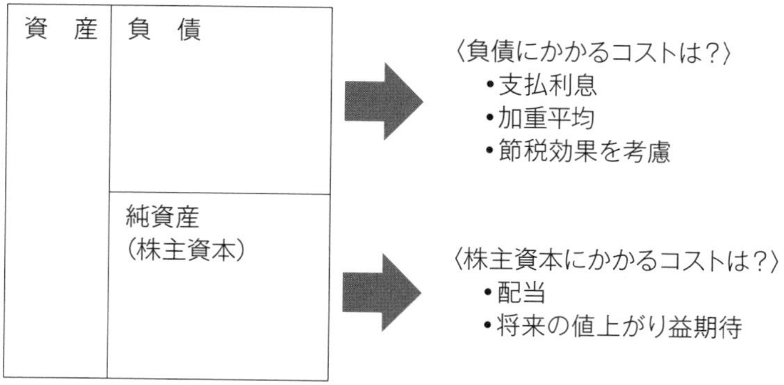

の規模の会社になると，いろいろな条件で短期の借入れをし，さらに長期の借入れをした結果，借り入れた時期が異なることも多いでしょう。元本と利息がそれぞれの借入金と利率の残高を加味した平均値を使って計算をしてみてください，というのが，この加重平均です。

■ 節税効果

次に，節税効果について説明します。有利子負債を使うためには利息を負担する必要があります。

利率を仮に２％とします。これに該当する支払利息は，税務上，損金になります。損金になるということは，その分税金を払わなくてすむということです。利益（厳密には課税所得）が出ている場合，支払利息の利率が２％，税率が30％の場合，負債を使うと，その30％分，得するのです。利息を払ったため，その分税金を払わなくてすむわけです。

割引率を算定するときには，負債のことだけを考えているのでは不十分です。そこで株主資本を使うケースもあります。株主資本にかかるコストの１つは配当です。それともう１つ，将来の株価の値上がり期待値もあります。

負債にかかるコストと株主資本にかかるコスト，どちらが高いでしょうか？　負債にかかるコストが２％だった場合に，株主資本コストは，２％より高くなります。理由は以下のとおりです。

負債は，元本を返済する必要があります。出資の場合には，元本は返ってきません。したがって当然，貸付の場合よりもたくさんの利回りがなければ，通常，株主は出資をしません。ゆえに，株主資本コストのほうが負債コストよりも高くなります。

負債コストというのは，調べればすぐわかります。2021年現在，日本企業で，よほど業績が悪い会社でなければ，１％から３％の間に収まるはずなのです。この１～３％と比較して，株主資本コストはそれよりも少し高

図表５－10　割引率の算定方法

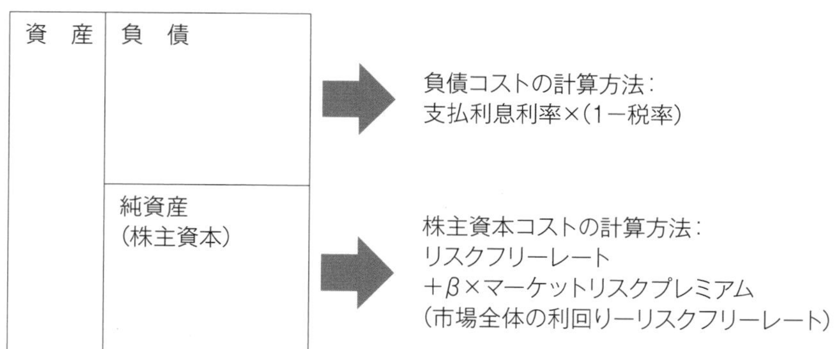

い，ということを理解しておけば，企業評価算定書を見てそれが正しいのかどうか判断できるようになります。

仮に割引率が30％で算定されていた場合，負債コストはいったい何％なのか，株主資本はいったい何％だったのか，そこからどのように算出したのかということを読み解くだけで，30％というのは基本的にはあり得ないということがわかるようになります。どのように計算しているのかという基本的な流れをきちんと押さえておくことが重要です。

負債コストの算定は簡単です。節税効果の部分を加味して，いったいいくらで借り入れているのかという利率×（１－税率）です。仮に利息が２％だとすれば，２％×(１－税率)，税率30％とすると，1.4％が負債コストとして算定できます。

株主資本コストの一般的な計算方法は，以下の算式のとおりです。

リスクフリーレート＋β×マーケットリスクプレミアム

リスクフリーレートというのは，一般的には国債が使われています。要するに，ほとんどリスクはなく，多少の利息がつくような商品の利回りのことです。今の日本だったら，１％くらいです。

マーケットリスクプレミアムについては，日本でバリュエーションする場合によく使われるのが，東京証券取引所（東証）の利回りです。それは，東証の過去の利回りを調べ，その利回りがリスクフリーレートである国債と比較してどれくらい高かったのかというデータを調べることができるためです。

マーケットリスクプレミアムは市場全体のデータをベースにしていますので，β値という数値を使って個別の企業の数値へ補正します。東証の全体の動きと株価の動きがほとんど同じような会社の場合，β値は１です。中には，東証の平均と全く違う動きをするような株もあるので，このデータ値で補正をするのです。

株主資本コストの計算は，誰がやっても同じ結果になりそうですが，実際は，恣意的な計算が可能です。

マーケットリスクプレミアムは，大体1940年代後半ぐらいからデータが揃っています。その頃から朝鮮戦争が停戦に至った1953年までは，日本は高度経済成長真っ盛りなので，非常にマーケットリスクプレミアムが高いのです。

このような特殊なデータがとれる以上，いつからいつまでのデータを採用するかによって，結果は相当変わってきます。データのすべてを使って平均値をとろうという考え方も当然できますし，朝鮮戦争前後は異常値として排除して考えることもできます。また，近年の数値はあまりにも低すぎるから排除して考えよう，またはバブルのときは異常値として考えようなど，理屈はいくらでもつけられます。結果，マーケットリスクプレミアムは意外と恣意的に調整ができるのです。

β値についても同様です。対象企業１社が上場していればそのβ値を使うことも可能ですし，通常は１社だけだとブレが出るので，同業他社を何社か選定して平均をとることもよくあります。それも，同業他社をどう選択するのか，いつからいつまでの期間のβ値を対象にするのか等は，そのときの判断しだいなので，絶対の正解というものがなく，数値は調整可能なのです。

加重平均について少し補足をしておきます。仮に負債が40%，株主資本が60%という資本構成であれば，以下のように計算します。

負債コスト×40%＋株主資本コスト×60%

この結果算定された加重平均資本コストが，最低限会社が稼がないとならない率であり，割引率になります。会社は利息を支払う必要がありますし，株主に対しても還元をしていかなければなりません。その意味で，筆者はこれを「投資のハードルレート」と呼んでいます。仮に割引率が５％と算定された場合，皆さんの会社にとってこの５％が，投資のハードルレートになっているかどうかという観点で検証することが必要です。仮にそれが，想定しているハードルレートと違うのであれば，では負債コストや株主資本コストはいったいどうやって算出しているのかを，精査していく力が本来的には経営者には求められているのです。これらをまとめたのが，図表５－11です。

図表5－11　割引率とハードルレート

ポイント!

割引率は何％程度が妥当なのか？　あたりをつけて専門家の提出する株価算定書を評価し，社内でのバリュエーションを進めていってください。

7　事業計画の重要性

これまで割引計算について説明をしてきました。細かい計算は専門家に任せておいてもよいのですが，彼らがすべて正しいとは限りません。

ベンチャー・キャピタル（以下，VC）からの出資額を決める際に，30％を超えた割引率を設定されている場合などがありますが，これは誤りです。VCはリスクを考え，バリュエーションを下げようとして割引率を高くするわけですが，リスクが高い＝将来のキャッシュ・フローの実現性が低い，と考えているわけですから，割引率で計算結果を合わせるのではなく，本来は事業計画そのものを見直すべきです。ファイナンスの教科書では，どうしても計算の過程を理解していただくために，将来キャッシュ・フローやそのベースとなる事業計画を所与のものとしています。しかし実際には，キャッシュ・フローやそのベースとなる事業計画の精査およびビジネスDDなどを通じて，根拠のある説得力のあるものにしていく作業が必要なのです。

バリュエーションで最も重要なことは事業計画の妥当性です。割引計算の複雑な部分にとらわれるのではなく本当に重要な部分にリソースを割いてください。

8 バリュエーションにおける「あたり」のつけ方

バリュエーションをする際のあたりのつけ方について説明しておきます。ポイントは以下のとおりです。

ポイント!

- 投資案件が多い場合，回収期間法や内部利益率法で案件検討の優先順位をつけます。
- その後，必要に応じてDCF法による計算を実施します。
- いずれの場合も，将来キャッシュ・フローを算定する必要があります。

投資案件の数が多い場合には，回収期間法や内部利益率法を使って優先順位をつけることが一般的です。その後，案件の数を絞り込んだうえで，DCF法にて判定をしていく，というのが王道でしょう。いずれにしても将来キャッシュ・フローを算定する必要があります。

図表5－12　案件が持ち込まれた場合の判定方法

貸借対照表（B/S）から	時価純資産をベースに考える
損益計算書（P/L）から	利益ベースでの回収期間を見る
キャッシュ・フロー計算書（CF）から	キャッシュ・フローベースでの回収期間を考える

※　純資産が多く，利益が少ない伝統的企業の買収の場合には，退職金支払や配当による純資産の削減や，会社分割を採用し，資産，負債の切り離しなどを検討する。

DCF法は客観的な価値を把握できる優れた方法なのですが，一方で算定が難しいというデメリットがあります。その場合の代替案について図表5－12にまとめました。

計算方法が簡単なのは，時価純資産をベースにのれん相当額をいくらか上乗せして評価をする方法です。B/S上では，特に不動産は時価評価されていないことがほとんどですので，資産を時価評価したうえで，純資産を時価ベースに引き直した金額を算出し，それ以上の価値（のれん）がどの程度あるかを考える方法です。

次に，過去の実績利益をベースに，投資額を何年で回収できるかをざっくり考える方法でもあたりをつけることができます。

キャッシュ・フローベースでそれを考えることができれば，すでに述べたような利益ベースで投資案件を検討することのデメリットを克服することも可能なので，一定以上の意味があるでしょう。

これまで説明してきたとおり，バリュエーションにはさまざまな手法がありますが，最終的には各種方法で算定された結果の範囲内のどこかで決定します（図表5－13）。交渉の結果，論理的に計算された金額の範囲外（図表5－13でいうと，170百万円以上の金額）では交渉が成立しないという可能性はもちろんあります。それを正当化するためには，将来のキャッ

図表５－13　実際の株価算定の結果

複数の方法で株価算定を実施すると，以下のように結果がバラけることが多い。
最終的には，以下の囲みのレンジで決まることが多い。

シュ・フローの期待値が当初の前提よりも上がっていることが必要になります。将来キャッシュ・フローが増える見込みがないにもかかわらず，売買金額が高騰してしまった場合には，投資の意思決定を慎重にする必要があります。それだけ，どこまで投資してよいのかを判断するためには将来キャッシュ・フローをどう見積もっているかということが重要になってくるわけです。

事業計画の妥当性が重要であることは間違いありません。客観的ではあるが，形式的にはならないよう，いくつかの方法でバリュエーションをすることも重要です。最終的には回収期間法的な発想で意思決定されることも多くあります。

9 株価算定書について

バリュエーションといえば，株価算定書を思い起こす読者も多いでしょう。株価算定書は外部対策のためのもので，特に株主に対して「内輪で適当に金額を決めたわけではなく，第三者の意見も聞きながら適正に算定した」という一種のイクスキューズをするために，買い手が公認会計士，投資銀行，証券会社など外部の専門家に書面での株価評価を依頼するものです。あくまでも株主等の外部対策のためにとるものだ，ということを意識しておくとよいでしょう。株価算定書についてのポイントを図表５－14にまとめましたので，参考にしてください。

図表５－14　株価算定書のポイント

- バリュエーションはあらゆる場面で必要とされる。
- 株価算定書は，バリュエーションを適正に実施したと証明する重要な書類。

項　　目	実　　践　　例
Who（誰が）	公認会計士，監査法人，コンサルティング会社等
When（いつ）	最終譲渡契約書締結前の機関決定時前
What（何を）	広く一般に認められている方法によって ● 純資産法 ● DCF 法 ● 類似上場会社比較法 ● 配当還元法その他税法で認められている方法
Why（どうして）	バリュエーションを客観的に実施したことを第三者に証明するため
Where（どこで）	N/A
How（どうやって）	責任範囲を明確にして ● 事業計画＝買い手の責任 ● 計算過程＝評価者の責任

ポイント!

株価算定書を入手しても，経営者の責任は解消しません。客観的な意思決定責任はあくまでも経営者にあるので，本章を参考にまずは経営者にバリュエーションについて理解，承認をとり，その結果が妥当であることを株価算定書で補足するイメージが重要です。

10 バリュエーションにかかるコスト

バリュエーションにかかるコストについて以下にまとめました。

- 50万円から1,000万円超。
  ⇒基本は，工数次第。１日当たり最低10万円／人
- 何を目的に外部に評価を依頼するのか？
- ステークホルダーへの説明責任を果たす。
- 外部専門家が責任をとれる範囲は限定されている。
- 事業計画は，買い手が準備したデータを前提に計算する。

最低50万円から1,000万円超としていますが，これは工数によります。単価は，最低１人日10万円程度だと考えていただければ見積りには十分です。過去の決算書をチェックしたうえで，事業計画を入手し，バリュエーションをするのに現地で３日間程度作業をし，残り２日程度で報告書をまとめるイメージです。

バリュエーションは基本的に，買い手が提示したデータをもとに算定さ

れます。価格決定の責任はあくまでも買い手の経営者にあることは忘れないでください。

1人10万円／日が相場。丸投げをするのではなく，依頼側の事前の準備が万端か否かで専門家の工数＝コストが大幅に変わります。

11　のれんとは

のれんとは，図表5－15に記載のとおり，買収対象会社の純資産と買収金額の差額です。

多くの場合，対象会社の純資産額よりも買収金額のほうが高くなります。この差額を，のれんといいます。逆に対象会社の純資産額よりも買収金額のほうが低い場合も稀にあります。この差額を負ののれんと呼んでいます。

のれんと負ののれんについての会計，税務処理を図表5－16にまとめま

図表5－15　のれんのイメージ

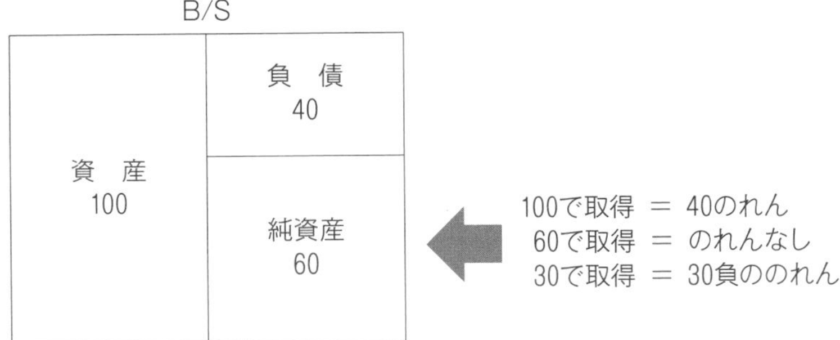

したので，確認しておいてください。

図表５－16　のれんの会計・税務処理

	単　体	連　結
会　計	事業譲渡で発生 税務と同様の処理	のれん＝20年以内で償却 負ののれん＝発生時に特別利益で一括計上
税　務	事業譲渡で発生 ５年間で償却 （負ののれんも同様）	N/A

最後にのれんに関する留意点を追記します。まず，のれんの減損については，将来的に国際財務報告基準（IFRS）が導入されれば，のれんの定期償却がなくなり，毎期減損テストが必要となります。その対応のために，事前の事業計画がより重要となります。何の根拠もないバラ色の事業計画をベースにM&Aを実施していては，投資後すぐに減損処理が必要とされ，意思決定に関わった役員への責任追及も厳しさを増す可能性があります。

厳密にはのれんは買収金額と純資産の差額の満額を計上できるわけではなく，本来的には固定資産などに振替が必要です。これをアセットアロケーション，もしくはPPA（Purchase Price Allocation）と呼びます。

のれんの会計処理は，M&A後の業績予想をするうえでも重要です。また，のれんが多額になる場合，事業譲渡を選択することによって，税務メリットがとれる可能性もあります。

第6章
トップ面談・交渉

資料での検討が終わり，トップ面談に入ると，いよいよ本格的な交渉がスタートします。M&Aの交渉というと，面と向かっての激しい議論が想像されるかもしれません。しかし実際のところ，中小企業のM&Aにおいては，激しい議論が行われるということはあまりありません。なぜなら，「激しい議論」は，売り手・買い手双方の信頼関係を壊す可能性があり，M&Aそのものがブレークするというリスクがあるからです。そのため，M&Aの交渉では，どちらかが勝ってどちらかが負けるような交渉ではなく，売り手も買い手もWin-Winとなるような交渉姿勢と交渉テクニックが必要となります。M&Aの交渉の理解をし，準備をすることで，M&Aの成約率は飛躍的に高まります。

1 M&A交渉についての基本的な考え方

図表6－1は，ビジネス交渉の基礎を表したもので，交渉相手との関係性と交渉の重要性によって，それぞれ交渉のアプローチ方法が異なることを示しています。M&Aの交渉はどれにあたるでしょうか？

図表6－1　ビジネス交渉のアプローチ

M&Aの決定は，経営上，重大な意思決定ですから，「交渉の重要性」は高く，失敗は許されません。また，売り手・買い手双方が納得しなければ，M&Aは成立せずに破談に終わることからも，「関係性」も高いといえます。したがって，M&Aの交渉の基本的な考え方として，関係性・交渉の重要性ともに重要な事項であり，どちらかが勝ってどちらかが負けるような交渉ではなく，売り手も買い手もWin-Winとなるような交渉姿勢や交渉テクニックが必要となります。

M&Aの交渉では，信頼関係を構築することが重要であり，契約に向けた話し合いを，いかにうまく進めていくかがポイントになります。激しい交渉で，自分の要求を全面に主張し，相手を打ち負かすようでは，売り手・買い手双方の利害対立が激しくなり，M&Aの交渉は成立しません。利害対立が起こるのを防ぐためにも，交渉の場面において，忘れてはいけないのが，相手の視点を持つことです。自分のメリットやゴール（目的）を考えることも必要ですが，同時に，相手の立場で考え，相手のメリットやゴール（目的）についても考えることが大切です。

双方のメリットやゴールを考える場合には，最高のゴールと最低限のゴールを予想し，双方の最高のゴールと最低限のゴールが重なる部分が，交渉において譲渡可能な範囲（図表6－2）となります。この重なる部分で交渉を行うことを意識することで，交渉は進めやすくなります。

そのためにも，冷静に，相手の立場で相手の思いを探り，相手が何を重視しているのかという点と，自分が何を重視しているのかの点を擦り合わせながら，お互いの妥協点を見出していくことが重要です。

なお，交渉の争点については，3．M&A 交渉の争点で説明します。

図表6－2　交渉における譲歩可能な範囲

双方のゴールイメージを明らかにする

◎自分にとって最高のゴール（My Best）
　　最低限のゴール（My Minimum）

◎相手にとって最高のゴール（Their Best）
　　最低限のゴール（Their Minimum）

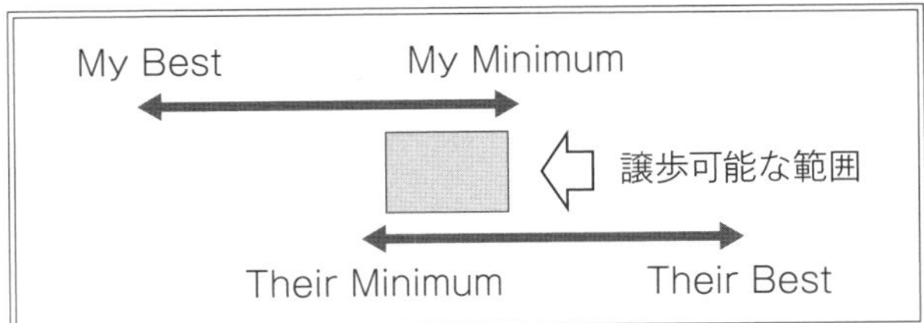

ポイント！

- M&A の交渉では信頼関係の構築が重要です。
- 売り手も買い手も Win-Win となる交渉の姿勢が必要です。

2 トップ面談の留意点

これまではM&Aアドバイザーを介して，資料の検討や質問を行ってきましたが，トップ面談では，はじめて売り手と買い手が直接，顔を合わせる機会となります。M&Aでは信頼関係を築くことが重要であることからも，売り手・買い手双方にとって，トップ面談は相手に良い印象を与えるチャンスでもあります。

特に，最初のトップ面談では，好意的な第一印象を与えておきたいところです。そのためにも，時間に遅れない，服装や髪型などの見た目に気をつける，言葉遣いを配慮する，好意を示す，評価する点を伝える（誉める）などは意識して行ったほうがよいでしょう。

また，買い手は，売り手情報を資料などで検討しているため，すでに相手のことをある程度把握できていますが，売り手は，買い手の情報をウェブサイトなどからしか得ていません。したがって，買い手にとっては絶好のプレゼンテーションの機会でもあるため，会社のパンフレットを持参し，必要に応じて，買収意欲を示すプレゼンテーション資料を作成するなどして，自社のアピールをするとよいでしょう。

トップ面談では，買い手側から自社の紹介を行い，いかに買収候補としてふさわしいかをアピールしたり，対象会社（事業）に関する質問をしたりなどします。

売り手は，買い手から提示される質問に対して誠実に対応し，後から問題になることを避けるためにも，決して嘘はつかずに，わからないことは適当に答えず，調べて後日M&Aアドバイザーを介して回答するようにしましょう。

売買金額などの条件交渉を最初のトップ面談でしてしまうと，交渉が継続するか否かの答えがすぐに決まってしまう可能性があり，ブレークすることもあるため買い手に不利です。魅力的な相手であればあるほど，状況に応じた情報コントロールがポイントになってきます。また，売買金額のように，直接面と向かっては言いづらいことについては，M&Aアドバイザーを介して伝えてもらうとよいでしょう。

トップ面談を数回行い，買い手候補が絞られたら，契約書に盛り込める内容を協議する打ち合わせに進みます。M&Aアドバイザーと事前のミーティングを設けて，相手と話し合う内容を事前に擦り合わせておくと，話し合いがスムーズに行えるため，M&Aアドバイザーと相談して進めていくとよいでしょう。

売り手にも買い手にも共通していえるトップ面談でのありがちな失敗は，身構えすぎたり，自分が乗り気であることを隠したいがために平静を装ったつもりが，相手にとっては素っ気ない横柄な態度に映ってしまったりすることです。特に買い手の場合，「買ってやる」的な態度でトップ面談に臨むのはもってのほかです。売り手の社長からすると，会社や従業員は，自分の子どものような存在です。買い手は，「あなたのお子さんを大切にお預かりします」といった謙虚で誠実な態度で臨む等の配慮が必要です。

買い手は，今後経営を担う立場にありますので，会社の実績や買収した場合のビジョンやシナジーの効果などを語ることで，「この人（会社）にだったら，会社と従業員を任せても安心だ」と売り手に思わせるくらいの情報を伝えることも大切です。

図表6－3　トップ面談の留意点のまとめ

売り手	買い手
● 質問に対しては，嘘はつかずにわからないことは，後日M&Aアドバイザーを介して回答	● 金額提示はタイミングと状況をみて ● 謙虚さ，誠実さ （あなたの大切なお子さんをお預かりします） ● 不安にさせない （実績，ビジョンを語る）
双方に共通するトップ面談での留意点	
● 好意的な印象を与えること ● 言いづらいことはM&Aアドバイザーを介して	

- トップ面談は相手に好意的印象と安心感を与えるチャンスです。
- 売買金額などの条件交渉はトップ面談ではしません。後日M&Aアドバイザーを介して行います。

3　M&A交渉の争点

M&Aにおいて，売り手は少しでも高く売却したいと考え，買い手は少しでも安く買収したいと考えるため，双方の利害は対立します。したがって，M&Aの交渉では，売買金額は最大の交渉の争点となります。そこで目安となるのが，提示価格です。通常，「売り手ありき」で進められる案件においては，売却希望額は売り手から提示されます。買い手からアプローチをする案件においては，買い手から買収希望額が提示されます。金額が提示されていない案件については，提示する際には十分な注意が必要です。相手の希望からかけ離れたハイボールとなる金額を提示してしまった場合，信頼関係が壊れて，交渉がブレークするリスクがあるからです。

また，相手の希望を上回る金額提示をする場合には，それが交渉基準となってしまい，自分に不利になってしまいます。これをアンカリング効果と呼びます。人が何かを判断するとき，最初に見た数字などが大きな影響を与えてしまうのです。そのため，価格提示をする際には細心の注意が必要であり，バリュエーションを行ったうえで，相手の状況を十分に考慮し行う必要があります。

売買金額は，重要な争点ではありますが，売り手は売却価格の提示が高いという理由だけでは買い手候補となる相手を選ばない傾向にあります。そのような売り手経営者には，従業員や取引先との関係の継続を大事にしてほしい，M&A後に安心して経営を任せられる相手に託したい，経営目標（海外進出を加速するなど）を達成するために有利な相手を選びたい，といった思いがあるからです。一方で，自分が育てた会社や経営手腕については，正当に評価してほしいという思いがあり，それらが金額に影響を与えるため，売買金額はやはり重要な争点となります。

図表6－4にあるようなM&Aにおける主要な交渉の争点は，自分および相手がどの争点を優先しているのかを考え，あらかじめまとめておくなど準備をしておくと，自分の整理にもなりますし，相手の立場を理解することにもつながります。また，M&Aの争点となる売買金額などの交渉については，売り手と買い手が直接交渉をしてしまうと，両者の関係性に悪影響を与えることや，そもそも本音を言いづらいということもあるため，M&Aアドバイザーを介して伝えてもらうとよいでしょう。

図表６－４　M&Aにおける主要な交渉の争点

	売り手の視点（例）	買い手の視点（例）
譲渡価格	少しでも高く売りたい（いくらで？）	少しでも安く買いたい（いくらで？）
引継ぎ期間と引継ぎ条件	早く辞めたい。得意な部分に専念できるのであれば，続けてもよい。せめて２年間は顧問として残って会社に貢献したい。顧問報酬は今までと同じ役員報酬を希望。	２年間は残って買収後に業績が下がらないようにしたい。大幅な社内の改革が必要なため，引継ぎは不要。
譲渡の時期	すぐにでも。特にこだわらない。	しっかりとリスクを洗い出せてから。今期中に最終譲渡契約締結。
支払い条件	譲渡価格およびオーナーの会社に対する貸付の一括払いを希望。	譲渡額の支払を数回に分けたい。買収後の財務パフォーマンスに応じた，残金の支払をしたい。
競業避止	売却後，小さな規模で，同じ事業をしていたい。	どこのエリアであっても同じ事業または似た事業はしてほしくない。
その他	契約時に銀行の個人保証を外してほしい。退職金を契約時に支払ってほしい。	退職金の支払は，譲渡後の取締役会の決裁を持って実行したい。

その他にも，M&Aにはさまざまな交渉項目がある（図表６－５参照）ため，自分および相手がどの争点を優先しているのかを考え，自分の希望が通らない場合には，自分にとっては重要度の低いことで，かつ相手にとって重要度が高い事項を選ぶことが，譲歩するうえでのポイントとなります。

図表6－5　M&Aにおけるその他の交渉の争点

- □スキーム
- □支払のタイミング（分割，エスクロー）
- □事業計画達成度合いに応じた価格調整
- □キーパーソンの継続勤務意思
- □契約の継続，取引先とのM&A後の継続取引，チェンジ・オブ・コントロール条項の確認
- □告知・発表のタイミング・方法
- □M&A後の旧代表者の処遇（顧問就任で引継ぎ業務など）
- □借入，リース，賃貸借契約などの連帯保証問題
- □明らかに事業に関係のない資産の取り扱い（売り手による買取など）
- □賃料の見直し
- □借入，貸付の処理
- □事業譲渡の場合の引継ぎ資産，負債
- □顧問税理士の継続
- □許認可関係の継続

ポイント！

- 売買金額の提示は慎重にしましょう。
- M&Aにおける交渉の争点は，売買金額だけではありません。
- 自分および相手がどの争点を優先しているか考え，整理しておきましょう。

第 7 章

意向表明と基本合意

第6章で説明したトップ面談で，お互いに信頼できる相手であることが確認できれば，条件面の調整へ進みます。これと並行して，買い手は「意向表明書」といわれる買収方法，買収価格などの提案条件が書かれた資料を売り手に提出することになります。

その後の継続的な交渉を経て，売り手・買い手間で合意している条件などが明記された「基本合意契約書」を締結することになります。本章では，「意向表明書」と「基本合意契約書」について，その意味，構成要素について解説していきます。

意向表明書と基本合意契約書の意味，構成要素を知っておきましょう！

1　意向表明書とは

通常，買い手からの意向表明書は，トップ面談後において買い手の条件と本気度を明確にすることによって，売り手側で買い手を選定する際の判断基準として使用されます。また，買い手が本気度を明確にすることによって，その後の売り手への質問や追加資料の要請などに対する応答がスムーズに進むという効果も期待できます。

ただし，基本的には法的拘束力を持たない書類のため，売り手に提出したからといって取引の実施が確約されたわけではなく，売り手・買い手どちらかの意思により最終譲渡契約に至らなかった場合でも，相手に対して違約金や損害賠償等を請求することはできないことが通常です。

意向表明書は，通常，たたき台をM&Aアドバイザーから提供してもらい，買い手が作成します。作成後，M&Aアドバイザーでも内容を確認し，M&Aアドバイザーを通じて，売り手に交付されます。なお，意向表明書はM&A取引において，必ずしも必須な書類ではなく，その提出が省略される場合もあります。

- 意向表明書は買い手の本気度を売り手に伝える手段です。
- 通常，意向表明書の法的拘束力はありません。
- 意向表明書の提出が省略される場合もあります。

2 意向表明書の一般的な構成要素と留意点

図表7－1は，一般的な意向表明書のサンプルです。

図表7－1　意向表明書のサンプル

＊＊年＊＊月＊＊日

株式会社（売り手名）　御中

株式会社（買い手名）

代表取締役　＊＊＊＊＊

意 向 表 明 書

拝　啓

時下ますますご清祥のこととお慶び申し上げます。

この度は，貴社を譲り受けさせていただく件（以下「本件」という。）の検討の機会をいただき誠にありがとうございます。

ご提供いただきました資料を検討いたしました結果，弊社といたしましては，下記の条件を基準として貴社との協議を進めさせていただきたく，ご検討のほどお願い申し上げます。

なお，本意向表明書の内容につきましては，弊社の取締役会等の機関決定を経たものではなく，法的拘束力を有しないことを念のため申し添えさせていただきます。

敬　具

記

1．スキーム

貴社の株式100％を弊社が譲り受けます。

2．譲受価格

＊＊＊＊万円

3．デュー・デリジェンス

弊社は，貴社からこれまでにご提示いただきました資料・情報のみに依拠し，本意向表明書の条件を提示いたします。したがいまして，本件は，貴社に関し，デュー・デリジェンスを実施させていただくことが条件となります。デュー・デリジェンスの内容に関しては，業務，財務および法務の精査を予定しておりますが，その詳細については改めて事前に貴社に連絡のうえ，相談させていただきます。

4．資金調達

必要資金の調達方法につきましては，自己資金を予定しております。

5．スケジュール

スケジュールに関しては以下のように予定しております。

＊月＊日～＊月＊日の間で＊日程度　デュー・デリジェンス

追加資料のやり取り

株式譲渡契約書ドラフトの調整

＊月＊日　株式譲渡契約書調印（法的拘束力あり）

＊月＊日　株式譲受・決済

6．ご留意いただきたい事項

本意向表明書における条件は，本日までに本件に関して貴社よりご提示いただきました資料・情報に基づいております。これらの資料・情報が正確性・妥当性を欠く場合，またはデュー・デリジェンスの結果，本意向表明書の条件に影響を与える事項が判明した場合には，本意向表明書の条件等が変動する可能性があります。

以　上

最初に，買収意思の表明とそれが買い手の正式な意思決定機関を経たものでないことが記述されます。

以降は，スキーム，譲受価格または譲受価格のレンジ，デュー・デリジェンス（以下，「DD」。詳しくは第8章参照），資金調達，スケジュール，ご留意いただきたい事項などが続きます。ただし，これらの項目をすべてこのとおり盛り込む必要はありません。この段階では，スキームが決定していない場合や，売り手の売却希望額に対して，その額で買収できるかの判断ができない場合のほうが多いからです。

その場合，「スキームについては，今後相談」「譲受価格については，売り手の希望を前提に今後決定（相談）」という表記をします。

大切なことは，買い手の本気度を売り手に伝える書類であるものの，法的な拘束力はないこと，正式な買収の意思決定機関を経ていないこと，今後のDDなどの調査によって条件が変わり得ることがあることを記載することです。

- 法的拘束力はない旨の記載をします。
- 買い手の正式な意思決定機関を経たものではないことを記載します。
- 今後の調査・交渉によって条件が変化しうることを記載します。

3　基本合意契約書とは

意向表明書が無事受理されて，買い手の絞り込みが終わり，重要な条件が決まったのち，基本合意契約締結の準備をします。「基本合意契約書」は，LOI（Letter of Intent），MOU（Memorandum of Understanding）などと呼ばれることもあります。

通常，アドバイザリー形式の場合には，買い手側のM&Aアドバイザー，仲介形式の場合には，公平な立場でM&Aアドバイザーがたたき台を準備するのが一般的です。なお，M&Aアドバイザーで準備するものはあくまでたたき台であり，内容の確認の最終責任は売り手・買い手双方（当事者）にあり，必要に応じて法律の専門家に確認することが必要です。「意向表明書」と同様に，基本合意契約も絶対に必要なプロセスではないため，省略される場合もあります。

特に買い手が上場企業の場合には，基本合意後に証券取引所が規定する適時開示を行う必要があるため，あえて基本合意契約書を締結しないケースがあります。その場合には，基本合意契約書に代えて簡易な覚書等を作成することがあります。

この適時開示は水面下で進めていたM&Aが一般に開示されるため，株主，取引先，（特に非上場会社の売り手企業の）役員・従業員等に対する影響力を考慮し，そのタイミングについては慎重に検討し，公表内容の詳細についても事前に売り手と買い手で合意しておくことが望ましいでしょう。

また，この基本合意契約は，売り手と買い手に大きな心理的変化をもたらす場合があります。一般的に，基本合意契約書締結前は，複数の買い手候補に打診をし，同時並行で交渉をすることから，売り手が交渉上有利となります。一方で，基本合意契約書の締結を境にして，交渉上有利な立場が売り手から買い手へと変わる場合があります。これは買い手による独占交渉権の獲得により，売り手は他の候補相手に同時並行で交渉を進めることが禁止されることや，心理的にも，最終譲渡契約に至らなければ，再度別の相手と交渉をやり直さなければならないという気持ちになることに起因しています。

図表7－2　基本合意契約締結前後の売り手・買い手の心理的変化

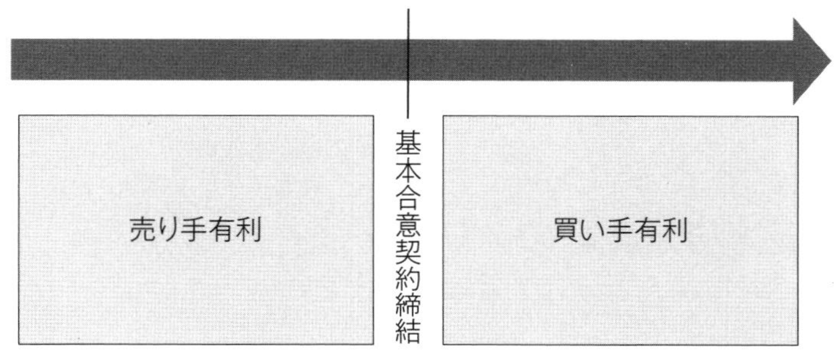

ポイント！

- 重要な交渉条件が決定した段階で売り手・買い手双方で締結します。
- 買い手側（買い手・買い手側 M&A アドバイザー，買い手側弁護士）でたたき台を作成します。
- 基本合意契約書の締結が省略される場合もあります。
- 適時開示への注意と配慮が必要になります。
- 売り手と買い手の心理的変化をもたらす場合があります。

4　基本合意契約書の法的性格

基本合意契約書は，最終契約に至る途中段階までに合意した条件等を文章化したもので，一部の条項を除き，法的拘束力を持たないのが一般的です。したがって，基本合意契約書締結後，DD の結果や条件交渉の決裂等によって最悪の場合，M&A の交渉が白紙に戻る可能性があります。

なお，例外的に拘束力を持たせる項目としては，独占交渉権，秘密保持契約，裁判所管轄等があります。

基本合意書は一部の項目を除き，法的拘束力は持ちません。

5　基本合意契約のメリット

5.1　合意できた内容の整理と心理的・道義的拘束力

基本合意契約書には，売買金額の目安，M&Aの時期，スキームといった事項が含まれます。したがって，基本合意契約書を締結することは，これまでの交渉で合意できた内容の整理と合意形成が実現できるというメリットにもつながります。また，売り手・買い手双方の取引成立に向けた心理的，道義的な拘束力も期待できます。

5.2　スケジュールの明確化

基本合意契約書には，最終譲渡契約書締結日の目処，基本合意契約書の有効期間といった事項が含まれることから，M&A成約に向けたクロージングまでのスケジュールを明確にすることができます。

5.3　独占交渉権の買い手による獲得（＝売り手にとってはデメリット）

一般的に，基本合意契約書には，買い手による独占交渉権が含まれるため，これが買い手にとって，基本合意契約書を締結する最も大きな目的ともいえるでしょう。基本合意契約締結後には，買い手によるDDが実施されます。DDの費用は，通常，買い手側で負担するため，買い手にとっては，この独占交渉権を獲得することにより，安心してDD費用の負担ができることになります。

万が一，基本合意契約書において，独占交渉権を与えられない場合，DDの費用，競業の状況等を考え，買い手は交渉を継続するかを判断する必要があります。

売り手にとって，買い手による独占交渉権の獲得は，同時並行で他の買い手候補と交渉をすることを禁止されることとなるため，デメリットとなります。しかし，基本合意契約締結後にはDDの実施が控えており，このステップを乗り越えなければ，いつまでたってもM&Aが成約できない可能性が高まるばかりか，交渉において歩み寄りの姿勢を見せなければ，魅力的な買い手候補を逃すというリスクもあります。

5.4　上限価格の固定化

基本合意契約書には，具体的な売買金額やそのレンジといった事項が含まれます。基本合意契約締結後に実施されるDDの発見事項によっては，買収金額が引き下げられることもありますが，買い手にとっては，買収金額の上限を設定することとなります。

独占交渉権の獲得など，基本合意契約書を締結するメリットは買い手側に多いです。

6 基本合意契約書の一般的な構成要素と留意点

図表７－３は，一般的な基本合意契約書の構成要素です。

図表７－３　基本合意契約書の一般的な構成要素

取引対象物の特定と売買条件の合意
附帯条件に関する合意
買収監査（DD）
最終譲渡契約の締結日
費用負担
公表
独占交渉権
基本合意書の効力
準拠法・裁判管轄

本章の3で記載したとおり，通常この基本合意書は，M&Aアドバイザーがたたき台を作成し，買い手，あるいは買い手側の弁護士がその内容を確認します。しかし，M&A担当者として，基本合意契約書にはどのような要素が入っていて，どこに留意する必要があるかを知っておくことは，重要ですので，追加で説明します。

6.1　取引対象物の特定と売買条件の合意

株式譲渡の場合には対象株主と株数，事業譲渡の場合には対象事業を明確に規定します。譲渡価格については，その決め方（たとえば基準日時価純資産プラス実質営業利益の数年分等)，レンジ（金額の範囲)，上限，目処等を合意しておきます。ただし，基本合意契約締結後のDDで問題点が発見された場合には，売買価格の調整を行う旨を規定するのが一般的です。

6.2　附帯条件に関する合意

ここでは，上記の取引対象物の特定と売買条件の合意以外で売り手・買い手双方が合意している事項を記載します。

たとえば，役員・従業員の引き継ぎと雇用条件，オーナーがM&A後も，継続して関わり引き継ぎなどをする場合の期間と条件などです。

6.3　デュー・デリジェンス（買収監査）

買い手によるDDの実施と売り手がそれに協力する旨を記載します。その他，DDの具体的な日程，調査範囲について，明記する場合もあります。

6.4　最終譲渡契約締結日の目処

最終譲渡契約締結日の目処を記載します。通常，最終譲渡契約締結日の目処は，基本合意契約締結後１～３カ月後とします。また，最終譲渡契約締結の目処が売り手・買い手の合意により，延期できるように規定する場合が多いようです。

6.5　有効期限と独占交渉権

基本合意契約書には，その有効期間も記載されます。基本合意の有効期限は，特定の日，または上記の最終譲渡契約締結日のいずれか早いほうとするのが一般的で，期間としては，１～３カ月程度が目安です。

また，その有効期間中売り手は買い手以外と交渉しない旨，規定するのが一般的です。つまり，独占交渉権を売り手が買い手に付与したことになります。買い手はこの独占交渉権を得ることによって，自らの費用でDDを，安心して行うことが可能となります。

6.6　基本合意書の法的効力

取引条件（取引対象物の特定と売買条件の合意）については，法的拘束力を持たせず，それ以外については，法的拘束力を持たせるのが一般的です。ただ，最近は，特定の日までに一方的な事由により最終譲渡契約を締結しなかった場合には，違約金を相手方に支払う義務を負わせるケースも存在しているようです。

基本合意書の意味，構成要素と留意点は押さえておきましょう。

第 8 章 デュー・デリジェンス（買収監査）

デュー・デリジェンス（以下，DD）をM&A全体の流れのどこで実施されるのか，確認しておきます。

図表8－1　M&Aの流れ（再掲）

• 一般的なM&Aの流れは，以下のとおり（ただし，状況，案件内容により，スケジュールの前後，プロセスの追加・省略等もある）。
• 一般的に3～12カ月の期間を要する（ただし，1カ月間でスピード成約がある場合もある一方，1年間以上時間を要してようやく成約することもあれば，成約できずに終了することもある）。

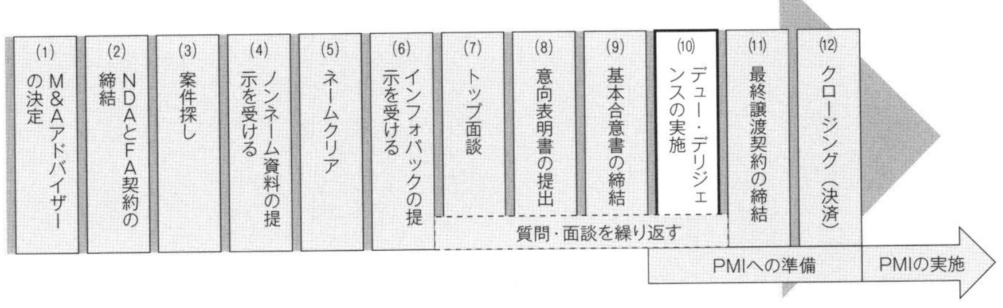

DD は図表８－１に記載の⑽で実施されます。M&A の交渉はスピードが重要です。だらだらと交渉を続けていると，中だるみしてブレークすることもあります。そもそも業績が想定よりも良くなったり，悪くなったりするため，バリュエーションも難しくなります。何よりも情報機密が重要な M&A では，時間の経過とともに情報が漏れてしまうリスクが高まります。

したがって，基本，売り手と買い手の情報は提出された情報や書類が正しいものとして交渉を進めます。いよいよ最終譲渡契約を締結できる準備と交渉が終わった段階で，これまで正しいことを前提に処理をしてきた情報や書類を，専門家とともにまとめてチェックする，これが DD です。

最終譲渡契約締結前にこれまでやり取りしてきた情報の正確性の確認とその時点で把握できていないリスクを把握するのが DD です。

1 デュー・デリジェンスの種類

図表８－２に，DD についてまとめました。上記のすべてを必ず実施する必要はありませんが，全体像を押さえておいてください。

図表8－2　デュー・デリジェンスの種類

種類	内　容	専門家
財務	売り手の財務諸表が適正に作成され，株価算定の基礎となる情報提供ができているか調査する。	公認会計士，財務経理担当者
法務	売り手が締結している契約でM&A後に買い手に不利になる項目，M&A実行の妨げになるような問題を調査する。	弁護士，法務担当者
ビジネス	ビジネスフローなどを確認し，特に事業計画が妥当に作成されているかどうかを調査する。	コンサルタント，経営企画担当者
労務	労務問題やメンタルヘルスの問題がないか等を調査する	弁護士，社会保険労務士，労務担当者
税務	過去の税務申告において，将来において追徴課税などがされないかどうかを調査する。	税理士，財務経理担当者
環境	売り手の工場などに汚染などの問題点がないかどうかを調査する。	環境コンサルタント，不動産担当者
IT	売り手のITシステムの問題点，M&A後に課題となるべき点などを調査する。	ITコンサルタント，ITシステム担当者

一般に，DDは財務と法務の観点から実施されます。M&Aのバリュエーションは財務数値が元になっていることがほとんどですので，これが正確なものでなければ，安心して取引ができません。また法的なリスクの整理は，M&A後に起こる問題点等を事前に知っておくために有用です。もちろん，これらのDDはすべて公認会計士や弁護士に依頼する必要はなく，リスクに応じて，社内の担当者で実施することもあります。M&Aアドバイザーと相談のうえ，リスクに応じたDDの計画と実行をすることが

重要です。

2 ビジネスデュー・デリジェンスの重要性

DD の中でも，ビジネス DD は特に重要です。次の図表 8 － 3 を使って説明します。

図表 8 － 3　ビジネスデュー・デリジェンスの重要性

最終的に，譲渡価格は交渉の結果決まるが，背景には，売り手の事業計画と買い手の事業計画をベースにした企業評価の間におさまるはず。ビジネス DD では売り手の事業計画の妥当性を精査しつつ，買い手目線の統合後事業計画を常に意識しておく必要がある。

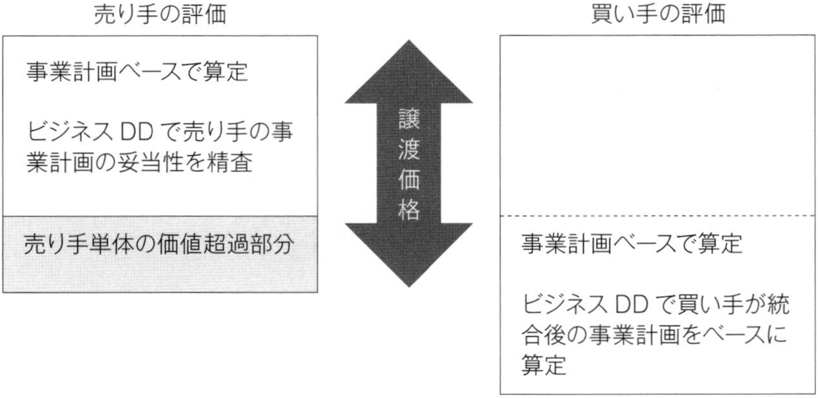

売り手の評価
事業計画ベースで算定
ビジネス DD で売り手の事業計画の妥当性を精査
売り手単体の価値超過部分

譲渡価格

買い手の評価
事業計画ベースで算定
ビジネス DD で買い手が統合後の事業計画をベースに算定

ビジネス DD の中心を本書では，統合後の事業計画の精査におきます。もちろん，そこには現状のビジネスがどう動いているのか，営業面，マーケティング面の精査が含まれます。これを把握した後に重要なことは，買い手目線での事業計画を策定することです。

M&Aの価格交渉は，当事者が明確に意識しているかどうかは必ずしも明確ではありませんが，次の流れで行われていることが通常です。

① 売り手が事業計画を提示し，その事業計画をベースに売り手の希望価格を算出します。
② ①の売り手主導で作成された事業計画を買い手が精査し，希望的観測が含まれる部分や楽観的すぎる部分につき，買い手が売り手と事業計画の修正の調整を行い，まずは売り手が作成した事業計画をベースにした希望価格を設定します。
③ 買い手では，これとは別に買い手内部で独自に見られるシナジー効果を含めた事業計画を策定し，これをベースに希望価格を設定します。

もう少しわかりやすく，具体的な数値で説明します。

②で設定した売り手の事業計画を10億円，③で設定した買い手の評価額を15億円とします。実際の譲渡価格は交渉で決まりますから，机上の計算どおりにはなりません。しかし，売り手も買い手も背景にどの前提でどんな価格であれば妥当なのか，そうでないのかという判断基準を持っておくことが必要です。

そのために，上記で算定した②および③の情報を持っておくべきであり，②や③でバリュエーションの基礎となった事業計画の実現可能性を精査する必要があります。この精査がビジネスDDそのものです。したがって，ビジネスDDについては，財務DDや法務DDのように最終譲渡契約直前に外部の専門家に依頼する類のものではなく，交渉の過程で，買い手の責任者が売り手と交渉をしつつ継続をしていくべきものです。

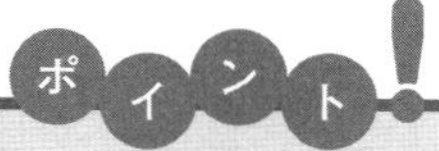

ビジネス DD はバリュエーションに直結する最も重要な DD であり，かつ外部委託が難しい DD です。誰が何をするのか，事前の綿密なスケジューリングが必要になります。

3　5W1Hでわかるデュー・デリジェンス

次に DD について，5W1Hで表にまとめましたので，特に注意したい点を追記していきます。

図表 8－4　Who（誰が）

項　目	実践例
Who（誰が）	誰が実施するにしても，M&A 担当者は必ず同席する。問題点の兆しを発見した場合には，レポートになる前に対応策を講じておく。 ● 弁護士，公認会計士，コンサルタントの専門家。ただし，M&A の経験のある専門家。贅沢をいえば，M&A アドバイザーの経験のある専門家であればよりよい。 ● 企業内担当者 ● 上記の組み合わせ（丸投げが一番効率が悪く，コストがかかる）

誰がという点で，基本的には外部の専門家に依頼することになります。しかし，M&A の担当者は必ず同席して，何が問題になっているか，必ず把握し，専門家から DD の報告書が出る前に，対処法が最悪の場合，案件

を進めるべきではないという判断ができる情報を集め，責任者に情報共有をしておくべきです。

また，DDは弁護士や公認会計士であれば誰でもできるものではありません。DD経験のある専門家を選ぶようにしてください。

図表8－5　When（いつ）

項　　目	実 践 例
When（いつ）	● 基本合意契約を締結後，最終譲渡契約締結前に実施。 ● できれば独占交渉権を獲得しておきたい。 ● ただし，バリュエーションにかかる財務情報など，できるかぎりの情報は事前に入手，検討をしておく。相手方が，DDでないと出せないと主張する場合には基本的には相手方を尊重する。

DDを実施する時期は，基本合意締結後，最終譲渡契約締結前に実施します。DDにはコストがかかりますので，買い手としては，できれば独占交渉権を得てから実施することをお勧めします。時間とお金をかけてDDを実施し，重要な問題がないことを確かめたにもかかわらず，同時並行で進めていた別の交渉相手のほうを売り手に選択されてしまっては，DDにかけた時間やお金が無駄になってしまうからです。

図表8－6　What（何を）

項　目	実践例
What（何を）	最低限必要なものは ● 財務 ● 法務 といわれるが，リスクを勘案。事業譲渡であれば，リスクはかなり軽減される。 ビジネスDDにカテゴライズされるか微妙だが，DCF法をバリュエーションに使っている場合には，事業計画の精査はかなり前段階で必要となる。

DDの対象としては，一般的には財務と法務が最低限必要ですが，M&Aのスキームとして事業譲渡を選択すれば，簿外債務のリスクも低減されることから，DDの負担はかなり軽減されます。

DDには明確なルールはありません。そのディールのどこにリスクがあ

図表8－7　Why（どうして）

項　目	実践例
Why（どうして）	表明・保証を最終譲渡契約書で謳っていれば，仮に提供された情報や資料に瑕疵があった場合，将来的にも損害賠償請求することは可能。 しかし，譲渡後，売り手が浪費をしてしまう，あるいは借金返済に使ってしまって，資力をいつまでも保持できる保証はない。また，訴訟にも金銭的，時間的コストがかかることから，事前にそういったリスクを排除するのが目的。 関係者の責任逃れのために実施されるものではない。

るのか，をM&Aアドバイザーや専門家と整理のうえ，時間と費用，そして契約の内容にてリスクをカバーすべき部分とDDによって調査し，リスクを軽減する部分とを明確にしてDDを進めていく必要があります。

最終譲渡契約では通常，M&Aの交渉過程で提示された資料が適正である旨を売り手が表明し，その内容を保証する表明保証項目を含めます。当然，この表明・保証項目に違反した場合には，損害賠償責任があります。これを前提とすると，DDをせずに最終譲渡契約をしてしまい，後で問題が起きてしまったら，損害賠償請求をしてお金で解決すればよいのではないか，と考える方もいらっしゃるでしょう。

しかし，それは間違いです。売り手はたしかにM&A成立直後は売却代金を手にしますので，一定以上の資金を持っています。しかし，その後には納税，場合によっては借金の返済もあるでしょうし，お金を使い込んでしまう可能性もあります。また，世の中，できた人ばかりではありません。人を騙して私腹を肥やそうとする輩も多いわけです。

訴訟を起こすにも時間と資金がかかります。事前にリスクを洗い出しておくことはそれだけ重要なのです。DDは関係者の責任逃れのためにされるものではなく，事前に将来起きる問題をできるかぎり整理・把握するために実施されるものです。

大型M&A案件のDDの場合，対象会社の側にDD専用の会議室を一定期間借りることや，バーチャル・データルーム（VDRとも呼ばれる。高度なセキュリティ環境を配備したクラウド上の会議室の意味。アクセスを許可されたDDの専門家が，一定期間において24時間クラウド上にある資料を閲覧することができるインターネットサービス）を利用することが多いです。M&Aで重要なことは情報機密を守ることです。大人数の専門家が社内に出入りしていては，従業員の誰もがいったい何が起きているの

図表 8 - 8　Where（どこで）

項　　目	実践例
Where（どこで）	秘密保持の観点からはオフサイトが望ましい。 ● 大規模 DD の場合，対象会社の近所に DD ルームを一定期間借りる。 ● アドバイザーのオフィス ● 顧問弁護士，税理士のオフィス スピード重視であればオンサイトもやむを得ない。監査やコンサルタントなどの名目であることを社内に徹底させること。 ● 対象会社の本社，支店等

か，と疑問に思うはずです。譲渡が成立するまでは情報漏えいを徹底的に防ぐ必要があります。

中堅・中小企業同士の M&A の場合には，M&A アドバイザーのオフィス，もしくは顧問弁護士，税理士のオフィスで実施することもあります。

スピード重視の場合には，オンサイト，つまり買い手の事務所で実施することもありますが，その場合には監査やコンサルティングなどで自社の調査の必要があるなどの説明を社内に徹底し，M&A の話が進んでいることが漏れることのないよう十分な配慮が必要です。

最後に，どうやって DD を依頼するのかというポイントについて説明しておきます。期間とターゲットを明確にすることが一番重要です。DD を専門家に丸投げすると，彼らは考えられるリスクをできるかぎり洗い出そうとします。結果，工数が相当かかり，コストも莫大になってしまいます。莫大なコストをかけたからといってリスクはゼロにはなりません。また，DD だけですべてのリスクを回避することはできません。

最終譲渡契約で規定する内容とセットでリスクを回避できるように

M&Aアドバイザーに相談しながら進めてください。

図表8－9　How（どうやって）

項　目	実践例
How（どうやって）	期間を明確に。 ターゲットを定める。 リスクは，DDだけでは回避できない。 契約の表明保証，損害賠償とセットでリスクは回避される。しかし，譲渡後には相手方の資力を補償できないことから，譲渡後に損害賠償請求しても，解消しきれないようなポイントに絞る（時間，金銭的コストをカットする重要なポイント）。 　財務DD＝B/Sを固める 　法務DD＝法令違反，規定違反，訴訟リスク，すでに内在している製品保証等のリスク等

ポイント！

DDだけですべてのリスクは回避できません。最終譲渡契約とセットでリスクを回避できるようM&Aアドバイザーと相談しつつ作業を進めてください。

4　デュー・デリジェンスを依頼するときの留意点

DDを依頼するにあたっての注意点を以下に整理しました。これまでのまとめにもなっていますので，参考にしてください。

- DDを外部の専門家に依頼したときの費用としては，弁護士，会計士などは最低１日10万円／人。当然，専門家のレベルや経験値によって異なる。
- 法務と会計のDDを依頼するとして，仮に現場での作業が１日で終了してもDDは報告書の作成に時間がかかる。そのため，どう少なく見積もっても50万円程度はかかってしまう。
- 上記のコストを無駄にしないためにも，基本合意契約でできれば独占交渉権をもったうえでDDに進みたい。
- コスト削減のコツは，丸投げをせずに社内でできることはやり，リスクの高い，専門度の高い部分に限定して，外部へ委託すべき。

  例：財務で対象を一定時期の貸借対照表（B/S）のみに限定する。
  　　法務で弁護士がチェックする契約書の範囲を限定する。

なお，専門家に委託した場合にも，DDの現場には必ず同席し，作業中にどんな問題が起きているかを常に把握し，次に生じる問題点やリスクにいち早く対応し，会社としての意思決定を正確かつ迅速にできるようにしておく。

ポイント！

DDの効率化には専門家に委託する範囲を限定できるかがポイントです。丸投げは一番効率が悪いです。

第 9 章
最終譲渡契約書の締結とクロージング（決済）

デュー・デリジェンス（以下，DD）が無事終わり，売り手・買い手双方で買収の意思と条件が固まったら，すぐに「最終譲渡契約書」の作成に進みます。「基本合意契約書」のときと同様に，通常，アドバイザリー形式の場合には，買い手側のM&Aアドバイザー，仲介形式の場合には，公平な立場でM&Aアドバイザーがたたき台を準備するのが一般的です。なお，M&Aアドバイザーで準備するものはあくまでたたき台であり，内容の確認の最終責任は売り手・買い手双方（当事者）にあり，必要に応じて弁護士等の法律の専門家に確認することが必要です。

最終譲渡契約では，契約書が締結される日と取引対象物の引渡しと譲渡代金の支払が行われる日（クロージング日）が異なる場合が多いため，クロージングを行う前提条件や最終譲渡契約締結後クロージングまでの間売り手が対象会社をどのように運営するか等について合意しておく必要があります。通常，契約締結日からクロージング日の間に以下のような手続を要します。

① 経営者の個人的な目的で購入された資産（たとえば，事業には関係のない高級車や骨董品など）をオーナーが対象会社から買い取る手続
② 不要なコンサルティング契約や業務委託契約などの解除
③ 対象会社の資産につけられている担保権の解消（事業運営のための担保は除く）
④ チェンジ・オブ・コントロール条項（主要株主が変更された場合，あるいは事業の運営主体が変更された場合，契約の相手方が契約を解除する権利等を規定している条項）がついている契約につき，相手方の承認を得る手続
⑤ 役員やキーパーソンとなる従業員の面談（M&Aに対する了承など）

- DDが終了し，売り手・買い手双方の意思，条件が固まったら最終譲渡契約書を締結します。
- 買い手側（買い手，買い手側M&Aアドバイザー，買い手側弁護士）で，最終譲渡契約書のたたき台を作成します。
- 最終譲渡契約の締結とクロージング日は通常異なります。

1 最終譲渡契約書の一般的な構成要素と留意点

中小企業のM&A取引の一般的なスキームは，大別すると株式譲渡と事業譲渡とに分けることができますが，最終譲渡契約書の個別条項につい

ては共通点が多いので，２つのスキームに共通する条項を中心に説明します。

図表９－１は，一般的に最終譲渡契約書に盛り込まれる主な要素になります。

図表９－１　最終譲渡契約書の一般的な構成要素

定義
取引対象物の特定と売買の合意 ①　取引対象物（株式，事業等） ②　譲渡代金の支払方法 ③　クロージングの実施方法
表明・保証
クロージング前の誓約事項
クロージングの前提条件
クロージング後の誓約事項
賠償・補償
解除
その他 ①　役員・従業員　②　秘密保持　③　公表　④　費用負担 ⑤　完全合意　⑥　準拠法・管轄　⑦　通知

本章の冒頭で説明したとおり，通常，この最終譲渡契約書は，M&A アドバイザーがたたき台を作成し，買い手あるいは買い手側の弁護士がその内容を精査します。しかし，M&A 担当者として，最終譲渡契約書にはどのような要素が入っていて，どこに留意する必要があるかを知っておくことは重要なことですので，以下で主要な留意点について説明します。

1.1　取引対象物の特定と売買の合意

譲渡価格については，取引対象物（株式等）の所有権はクロージング日に売り手から買い手に移転するため，クロージング日を基準日として算定するのが合理的といえます。したがって，最終譲渡契約書の締結段階で一定の仮金額を定めたうえで，後日クロージング日における算定根拠となる数値（純資産等）が確定した段階で差額を調整する場合もあります。

1.2　譲渡代金の支払方法

譲渡代金の支払方法については，一括支払と分割支払があります。売り手としては一括払いが望ましいのですが，買い手は売主の表明・保証（後述）違反のリスクが高い場合，分割払いを希望する場合があります。また，売り手の作成した事業計画達成に不安がある場合には，対価の支払を複数回にして事業計画の達成度合い，たとえば売上計画や利益計画の達成度合いに応じて価格調整条項や追加支払条項を規定してお互いのモチベーションを高める施策を講じることもあります（ただし，このようなケースの場合，M&A 後も経営陣・運営体制などに大きな変更がないことが前提となります）。

これらの条項を規定する場合には，事後の紛争を回避するため，計算基準や調整方法をお互いに客観的かつ詳細に取り決める必要があります。

1.3　表明・保証

表明・保証とは，売り手と買い手がM&A の契約にあたって事実として開示した内容が真実かつ正確であることを表明し，契約の相手方に対して保証することです。M&A では，DD を経たとしても，買い手が売り手の経営内容・状況を事前にすべて知ることができないという情報格差があるため，表明・保証は，このリスクを解消するために考えられた方法であり，最終譲渡契約書の中で一番重要な条項といえます。

表明・保証した内容が事実ではなかった場合には，相手方に対してその被った損害を賠償するか，契約前であれば，M&A 契約自体を解除することができます。表明・保証に対して特に気をつけなければいけない点は，その表明・保証違反による損害賠償を担保する財源を相手が保有しているかどうかです。たとえばクロージング後，表明・保証問題が発覚した時点ですでに売り手が譲渡代金を使ってしまっている場合や個人財産がない場合には賠償支払がなされないことも考えられます。したがって，表明・保証違反のリスクが高い場合，譲渡代金の一部を分割払いにしたり，代金の一部を信用のできる会社や受け皿（エスクロー会社，信託，弁護士等）に預け入れたりする場合があります。

図表９－２　リスクへの最後の砦が表明・保証

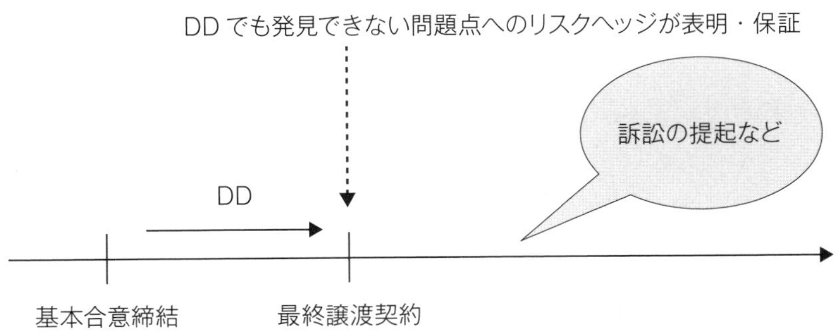

最終譲渡契約締結以降のリスクの備える最後の砦が表明保証

1.4　クロージングの前提条件

クロージングとは，取引対象物の引渡しと譲渡代金の決済という一連のM&A取引の最終段階における手続のことです。クロージングの前提条件として，相手が最終譲渡契約上の義務を履行しない場合，こちらからその案件を見送る（決済しない）ことができる旨を規定します。買い手側にとって重要な項目であり，売り手の条件履行に対するプレッシャーとなります。売り手に対して多くの前提条件を課す場合には，それを完遂するに必要な時間を十分考慮してクロージング日を設定する必要があります。

1.5　クロージング前後の誓約事項

クロージング前の誓約事項では，買い手から売り手に対し契約からクロージングまでの間に譲渡対象事業や譲渡対象会社の運営に対して，一定の制約をもうけたり，通常の業務以外の重要な業務執行を禁止する規定が盛り込まれます。たとえば，重要な資産の購入や売却，借入れ，増資，従業員の採用・解雇等，日常業務以外の行為を原則禁止するなどです。

クロージング後の誓約事項としては，円滑な引き継ぎに関する事項，競業避止義務，従業員の勧誘禁止義務がその代表例です。

1.6　個人保証・担保提供の解消

譲渡対象会社が金融機関からの借入れに際して社長個人が個人保証をしている場合や個人の財産を担保に供している場合，最終譲渡契約締結後一定期間内にその個人保証と担保提供を解消する作業を行います。個人保証・担保を解消する方法としては，①買い手側で借入金を一括返済する，②保証・担保を肩代わり（連帯保証人を変更）する方法があります。

1.7　デュー・デリジェンスの最終譲渡契約書への反映

DDにおいて定量的に測定できない問題点やリスク，発生確率の不明な簿外負債等が発見された場合の対処については図表9－3の①→②→③の順序で検討を行います。

まず，①買収スキームの変更（株式売買から事業譲渡への変更等）で対処可能かを検討します。

次に，②譲渡価格の調整（減額）あるいは，クロージングの前提条件にDDの問題点を解消させることを盛り込む等，最終譲渡契約書へ反映させることを検討します。

図表9－3　デュー・デリジェンスの最終譲渡契約書への反映

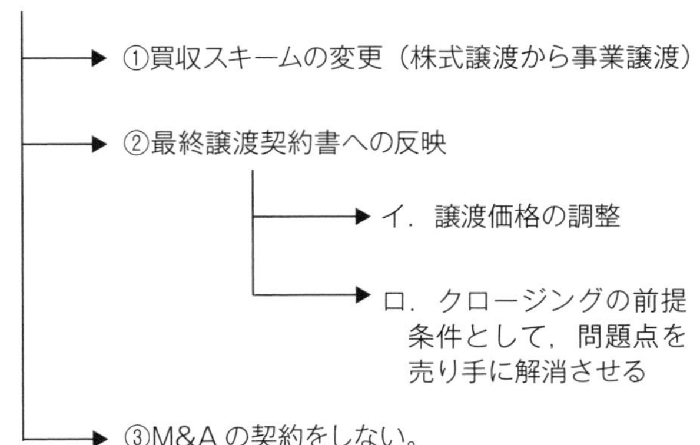

①と②でも問題が回避されないことが明確な場合は，③として最終譲渡契約を締結しないという流れになります。

1.8　役員退職金と株式譲渡金額の配分

株主兼社長である売り手が株式譲渡をした場合，その株式譲渡益に対して約20％の税金（所得税＋住民税）が課されます。株式譲渡と同時に社長（役員）を退く場合，その株式譲渡代金の一部を役員退職金として支給してもらったほうが売り手の最終の手取り金額を増やすことができるケースがあります。

役員退職金に課税される所得税は5～40％程度の累進課税となっていますが，勤続年数に応じた退職所得控除を差し引き，さらにそれを1/2にした数値が退職所得金額となるためです。

また，買い手にとっても自身の資金ではなく，対象会社の資金を使って損金として支払うことができます。

図表9－4　役員退職金の計算例

● （役員退職金の計算方法）

役員退職金＝最終報酬月額×役員在任年数×功績倍率（オーナー経営者の場合，3～4倍）

● （退職金の税金の計算）

イ．（役員退職金－退職所得控除）×1/2＝退職所得金額

退職所得金額×税率（ハ．参照）

ロ．退職所得控除

勤続年数（＝A）	退職所得控除額
20年以下	40万円×A （80万円に満たない場合には，80万円）
20年超	800万円＋70万円×（A－20年）

資料：国税庁ウェブサイトより

ハ．税率

所得税率：

退職所得金額（千円）		税率%
（千円以上）	（千円未満）	
	1,950	5
1,950	3,300	10
3,300	6,950	20
6,950	9,000	23
9,000	18,000	33
18,000	40,000	40
40,000		45

住民税率：退職金にかかる住民税は，退職所得金額に住民税率10%をかけて算定する。

1.9　独占禁止法

M&A 取引に関して，以下に該当するおそれがある場合には，公正取引委員会へ事前照会することが肝要です。

図表9－5　独占禁止法とM&A

- 売買規模の大きさによって，公正取引委員会に事前届出を行う必要がある。
- 届出が受理されてから30日を経過するまでは取引の実行ができない。

スキーム	届　出　基　準
株式譲渡	買い手企業のグループの国内売上高が200億円超かつ売り手企業およびその子会社の国内売上高が50億円超の場合。
事業譲渡	買い手企業のグループの国内売上高が200億円超が国内売上高が30億超の他の会社の事業の全部を譲り受ける場合等。尚，自社グループ内における譲受については免除。

※　タイミングとしては，基本合意締結後に，公正取引委員会に相談すること。

- 最終譲渡契約書の要素と留意点は押さえましょう。
- 表明・保証とクロージングの前提条件は最終譲渡契約書で最も重要な項目です。

2 最終譲渡契約書の整理

最終譲渡契約書の理解は重要ですので，最後に図表９－６を参照しながら，整理してみます。

図表９－６　最終譲渡契約書の構造

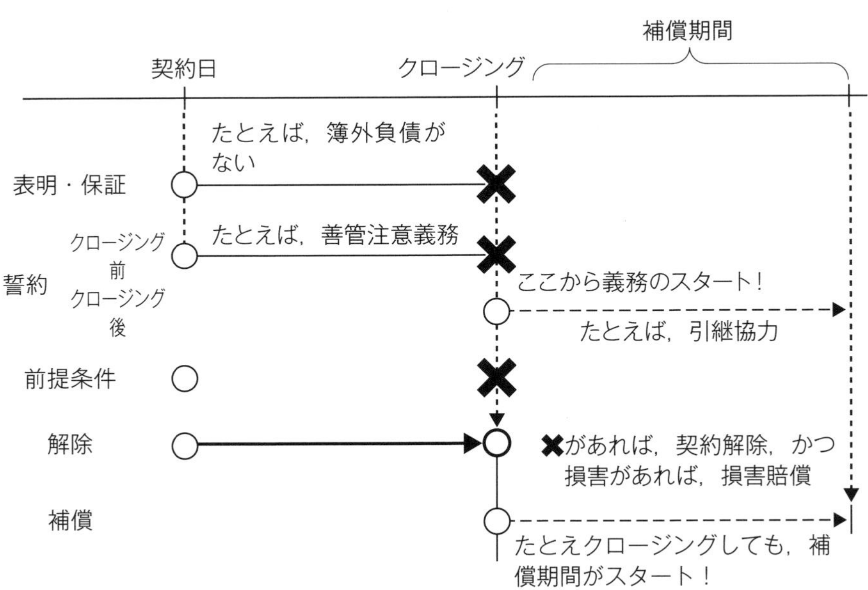

最終譲渡契約書の重要な要素である表明・保証，クロージング前の誓約，クロージングの前提条件がクロージング日に満たされていない場合，契約の解除が可能となります。そのうえで，損害が発生していれば，相手方に損害賠償を請求することになります。ただし，表明・保証違反やクロージング後の誓約は，クロージングしてからも違反する可能性が残されています。

したがって，通常のM&A取引では，クロージング後の補償期間を定めます。この期間内に違反が起こり，損害が発生すれば損害賠償できることになります。通常のM&Aでは，補償の期間と併せて賠償の上限額も設定します。

ポイント！

- 表明・保証，クロージング前後の誓約，クロージングの前提条件と最終譲渡契約の解除と損害賠償請求の関係を理解しましょう。
- 最終譲渡契約書には補償期間と損害賠償の上限額が記載されるのが一般的です。

3　クロージング

クロージングとは，売り手が取引対象物を引き渡し，買い手は譲渡代金を決済するというM&Aの最終段階における手続のことです。通常，最終譲渡契約締結日後，1～2カ月以内にクロージング日を設定します。稀有なケースですが，案件によっては，最終譲渡契約日とクロージング日を同日にする場合もあります。

クロージング実行の場所は，売り手オフィス，買い手オフィス，金融機関で行う場合や，秘密保持の関係上，M&Aアドバイザーのオフィスで行うこともあります。

ポイント！

クロージングとは株券などの重要書類引渡しと譲渡代金の支払をするM&Aの最終段階の手続のことです。

4　株式譲渡の場合のクロージングと留意点

株式譲渡の場合のクロージングの手続の流れと留意点について説明します。

図表9－7　株式譲渡のクロージングの流れ

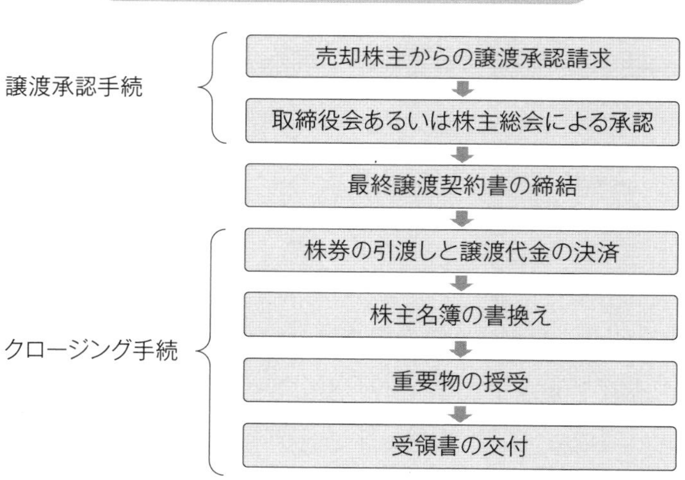

4.1　株式譲渡承認手続

売り手が株式譲渡制限株式（通常の中小企業のほとんどがこれに該当する）を買い手に譲渡するときは，その対象会社に対し，買い手がその株式を取得することについて取締役会設置会社の場合は取締役会，それ以外なら株主総会の承認を受けなければなりません。手続としては，売り手（株主）が会社に対して譲渡承認申請を行い，会社側は売り手に対して決定の通知をするという流れになります。

4.2　株券の引渡しと譲渡代金の決済

まず，買い手のほうで株券，引渡し資料の確認を行います。すべての書類が揃っていることが確認できれば，ネットバンキング等で売り手へ譲渡代金の送金手続を行います。売り手の着金確認後，買い手に株券の引渡しを行います。

4.3　株主名簿の書換え

譲渡代金の決済後，株主名簿の変更手続を行いますが，実務上はあらかじめ変更済みの株主名簿を用意しておき，「原本と相違ない」旨記載された箇所に対象会社のクロージング日現在の代表取締役印（対象会社実印）を押印し，書換え後の株主名簿を買い手に引き渡す手続を行います。

4.4　重要物の授受

会社実印，銀行印，社印，カード，通帳等の重要なものについては，売り手から買い手へ引渡しを行います。通帳については前日の残高が記帳したものが望ましいでしょう。また当事者確認のための商業登記簿はできるだけ最新のものを入手するようにします。

4.5　受領書の交付

すべての資料，物品の引渡しが完了した時点で相互に受領書を交付します。

非上場会社においては，通常，株式の譲渡に取締役会あるいは株主総会での承認が必要になります。

5 株券と株主名簿についての留意点

株式譲渡を実行する場合に引渡し資料として，最も重要なものは，株主名簿と株券になります。しかし，中小企業の場合，株主名簿がきちんと整備・更新されていなかったり，所有権を立証する株券を紛失したり，発行されていない場合が少なくありません。以下では，株券と株主名簿についての留意点を説明します。

5.1 株券の発行について

■ 会社法施行前（旧商法）に設立された法人（2006年5月1日以前）

定款に株券不発行の定めをおいていなかった会社（登記簿に株券不発行の登記なし）については，会社法の施行により「株券を発行する旨」の規定が定款にあるものとみなされ，すべて登記官の職権により「株券発行会社である旨」の登記がされています。したがって，この登記がされている会社の株式譲渡の場合，株券を発行する必要があります。

■ 会社法施行後設立された会社（2006年5月1日以降）

株券を発行しないことを原則とし，株券を発行する場合には，定款に「株券を発行する旨」を定め，その旨を登記すべきことになっています。

図表9－8　株式発行に関する旧商法と会社法の違い

内容	旧商法	会社法
株券発行	発行が原則。定款の定めにより発行しないことができる（会社法218条）。	不発行が原則。定款の定めにより発行することができる（会社法214条）。

実務的に最も多いケースは，株券を発行しなければならない会社であるにもかかわらず，株券の発行をしていないケースです。

その場合の対処の方法としては，買い手の意向を確認しつつ，株券を発行するか，定款を変更して「株券発行会社である旨」の登記を廃止するかが一般的です。

5.2　株主名簿の整理

M&Aの実行手続において株主名簿の確認および整備は重要です。しかし，中小企業では株主の異動が少ないため，株主名簿が存在しない，あるいは存在していたとしても，適正な書換えの手続がなされていない場合が少なくありません。正確な株主名簿がなければM&Aを実行することができないのでM&Aの事前準備として名簿の整理をする必要があります。

なお，株主名簿への記載事項（会社法121条）は以下のとおりです。

イ．株主の氏名または名称および住所

ロ．株主の有する株式の数（種類株式発行会社にあっては，株式の種類および種類ごとの数）

ハ．株主が株式を取得した日

ニ．株券発行会社である場合には，株券の番号

株券の有無，株券所有者の正確性，株主名簿の存在は早めに確認しましょう。

6　事業譲渡の場合のクロージングと留意点

事業譲渡では，譲渡対象となる資産，買い手で負債を継承する場合のその負債および取引等契約関係の移転手続が個別に行われる必要があるため，事業譲渡日（クロージング日）にすべての移転手続を終了することは通常できません。

したがって，事業譲渡日以降，移転手続が売り手と協力し買い手とともに進められます。たとえば，飲食店の事業譲渡の場合には，以下のような移転手続が必要になります。

①　不動産の賃貸借契約の更改
②　従業員の再雇用手続
③　リース物件等の契約者変更
④　保健所等の許可の変更

以下，事業譲渡の場合のクロージングの手続の流れと留意点について説明します。

図表９－９　事業譲渡のクロージングの流れ

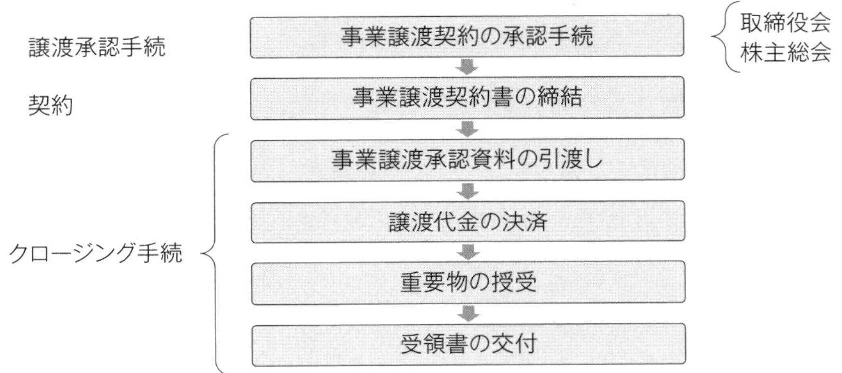

6.1　取締役会承認決議

取締役会設置会社においては，重要な財産の処分および譲受けには，取締役会決議が必要になります。

6.2　株主総会承認決議

株主総会の特別決議の要否は下記のとおりです。

図表９－10　事業譲渡における株主総会の特別決議

譲渡対象	譲渡会社（売り手）	譲受会社（買い手）
事業の全部	要	要
重要な一部の譲渡	要	不要
上記以外	不要	不要

ただし，以下の場合には株主総会の特別決議は不要となります。

図表9－11　株主総会における特別決議が不要なケース

	譲渡会社	譲受会社（全部譲り受けの場合）
条件	①事業の譲渡により譲り渡す資産の帳簿価格の合計が，総資産額の5分の1を超えない場合（会社法467条1項2号，簡易組織再編）	①事業の全部の対価として交付する資産の帳簿価格の合計額が，純資産の額の5分の1を超えない場合（会社法468条2項，簡易組織再編）
	②契約の相手方が特別支配会社(注)である場合（会社法468条1項，略式事業譲渡）	②譲渡会社が特別支配会社(注)である場合（会社法468条1項，略式事業譲渡）

注：特別支配会社：ある株式会社の総株主の議決権の90％以上を他の会社および当該他の会社の100％子会社その他これに準ずる法人が有している場合における当該他の会社のことをいう（会社法468条1項）。

6.3　買い手が売り手の債務を負担する場合

事業譲渡の場合，売り手の債務までも当然に買い手に承継されるわけではなく，売り手の債務を引き受ける契約をしなければ，買い手は売り手の債務を負担する必要はありません。

しかし，注意しなければならないのは，①買い手が商号（会社名）を継続使用する場合，②商号を継続使用していない場合でも，売り手の事業によって生じた債務を引き受ける旨の広告をした場合には，買い手は責任を負うことになります。

また，商号を継続している場合であっても，事業を譲り受けた後，買い手が売り手の債務を弁済する責任を負わない旨の登記をした場合や，第三者に通知をした場合には，責任を免れることができます。

商号の続用にかかる買い手の債務負担の有無をまとめると以下のとおりとなります。

図表９－12　事業譲渡で売り手の負債する責任があるケース

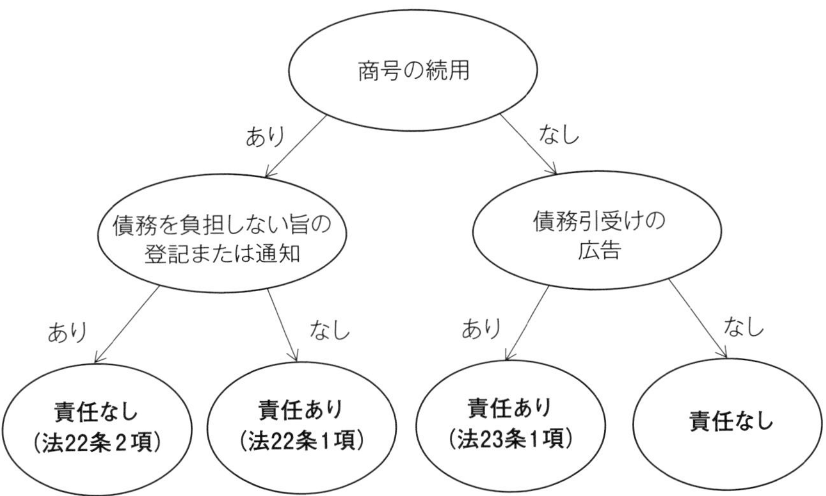

注：法とは会社法をさす。

- 事業譲渡では，取締役会設置会社においては原則として取締役会の承認が必要になります。
- 株主総会の特別決議は，ケースによって不要になります。
- 事業譲渡でも売り手の債務を負担する場合があるので注意が必要です。

第10章 PMI

PMI（Post Merger Integration）とは，経営統合作業のことを意味し，M&A後に当初計画した価値を創造するために，組織統合マネジメントを推進していくプロセスです。

M&Aは案件成約が目標ではありません。買い手にとって，M&A後の統合が完了してはじめて成功といえます。M&A案件のクロージングはスタート地点にすぎません。しかし，案件成約に至るまでに大きなエネルギーを費やすため，成約後の統合作業がおろそかになり，失敗するケース

図表10－1　PMIの重要性

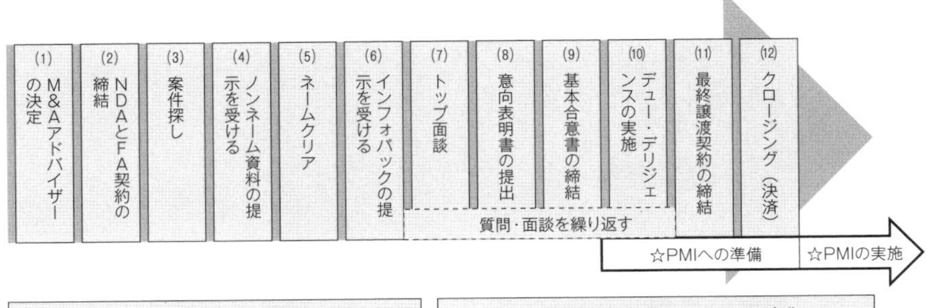

が目立ちます。たとえば最終譲渡契約書を締結して，ようやく対象企業をマネジメントする社長候補を探したり，契約締結しても何ら対象企業の経営に関与しないなどです。買い手企業にとってはM&Aが終わりではなく，M&Aのクロージング後（アフターM&A）こそが経営統合の活動の始まりなのです。

通常，統合作業のスタートは，案件をクロージングさせる前から開始します。理想は，デュー・デリジェンス（以下，「DD」）の直後から経営統合に向けた準備作業を開始します。

M&Aの成約が目的ではなく，統合後に継続的に価値を創出することが目的です。したがって，統合の準備のタイミングは，DD後から開始することが重要になります。

1　PMIの重要性

PMIの準備，進捗によって，結果的に双方が生み出す価値が異なってきます。短期的な統合作業と中長期的な統合作業を行いながら，シナジーを最大化する目標を掲げて行動しましょう。

1.1　シナジーの重要性

経営統合作業の目的はシナジーを最大化することです。そのためには統合前に経営戦略を策定しておくことが重要です。通常，対象会社の価値算定にはプレミアム分が上乗せされています。買い手企業は，非買収企業を従来どおり引き継ぐだけの経営では不十分で，プレミアム分以上のシナ

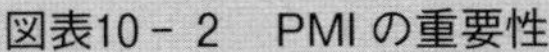
図表10－2　PMIの重要性

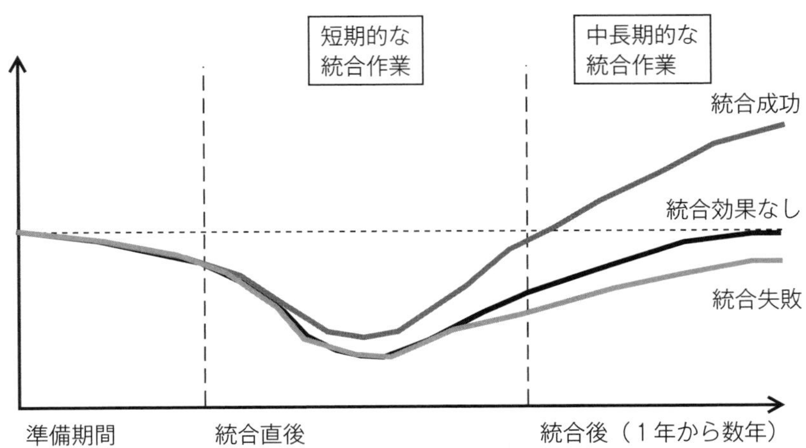

出所：松江英夫著『ポストM&A成功戦略』（ダイヤモンド社，2008）を参考に一部加筆

ジーを生み出してこそ成功といえます。そして，この成功を左右する活動がPMIです。

統合の目的は当初の単体組織よりも利益を生み出して，持続的に価値を創出することです。しかし統合直後は，かつてないリスクや非効率な作業などによって利益創出が難しくなります。したがって，統合直後の計画と統合後の中期計画で価値を創出することを考えます。本章ではPMIの活動における統合作業をフェーズ０からフェーズ３までと４つの区分に分けて解説します。

これらを理解して統合作業を進めなければ，結果的に単一の組織のときよりも価値を創出しない結果になります。M&A担当者としてもこの事態は避けたいところでしょう。

1.2　企業文化や制度の違いの吸収

M&Aは異なる組織を1つの組織にするプロセスです。異なる企業文化同士の人材をそのままにして経営を行うと当然不都合が起きるでしょう。また，企業がこれまで経営を行ってきた制度も異なります。人事制度の違いや，取組みレベルの違い，考え方の違いや，社員間のモチベーションの高さのギャップ，これらが2つの組織の統合を阻み，統合作業が計画どおり進まない場合が出てきます。これらをクリアするためにはDDの時期に統合を意識した調査と準備が必要になります。

1.3　マネジメントの重要性

M&Aは価値を創出して初めて成功といえます。そしてその価値の創造はPMIに左右されることが多いのです。価値の創造に関しては両社のシナジー効果に注目が集まりますが，実際は両社に生じるマネジメントの格差があって，それらがクリアになったときに価値が生み出されます。

M&Aをする買い手企業と対象会社の双方のマネジメントレベルが対等である確率は，極めて小さいものです。したがって統合する際は，片方の優れたマネジメントが導入され，統合前後の役割や肩書に関係なくフェアな人材を投入することで，従来よりも優れたマネジメント体制を構築することが可能です。

一方，両社の対等関係を強調しすぎた場合，優れたマネジメントが引き継がれずに，レベルの低いマネジメントスタイルが導入される可能性も出てきます。この場合，マネジメントレベルに不都合が生じてしまい，価値を創出しにくくなります。

たとえば，日立製作所は国内外のグループ会社に分散している調達や総務，財務などの間接部門の機能を，買収したスイスの子会社へ集約しました。買収した会社が日立製作所本体よりもグローバルでの管理体制が整っていたからです。統合する際に，一方の優れたマネジメントをフェアに鑑みた事例です。

短期的な統合作業と中長期的な統合作業に分けてシナジーを最大化します。シナジーを生み出すために双方の企業文化の違いを理解して，マネジメントを最適化することを意識します。

2　PMIの流れ

PMIの取組みはDDの時期から始めます。PMIの取組み時期によって，次の4つのフェーズに分けて考えます。

フェーズ0は，DDから成約に向けて案件の交渉と同時並行で作業を進めます。ここでのテーマは大きく2つあります。PMIに向けたステークホルダーへの周知活動と統合後の中期計画を見据えた統合スタンスを決定することです。

フェーズ1は，統合後およそ3カ月（100日）間，スピーディーに初期の統合作業を終えます。フェーズ0で策定した数値目標とアクションプランを実行します。フェーズ1のゴールは短期的なシナジーを築くための土台の構築です。

フェーズ0の取組みは，買い手企業，対象会社の双方のやり取りがあるものの，実際は買い手企業のみで実施します。しかしフェーズ1からはプ

図表10－3　統合の流れ

	短期的な統合作業			中長期的な統合作業
	フェーズ0	フェーズ1	フェーズ2	フェーズ3
時期	DD 実施から最終譲渡契約（Day1）まで	最終譲渡契約（Day1）から最初のDay100	クロージングから1年程度	2年から5年程度
概要	基本合意前後から成約に向けて案件の交渉と同時並行で進める。 ○ PMI に向けたステークホルダーへの周知 ○統合スタンスの決定 ○統合スケジュールと手順	フェーズ0で策定した統合方針に沿って100日プランを実行。同時に，フェーズ2のプランと，フェーズ3のプランをブラッシュアップ。	初年度の決算期間である1年目を区切りにする。 ○安定的な新会社の立ち上げ。 ○シナジー効果を早期に実行に移して単年度の業績へのインパクトを実現すること。	統合新会社が描く中期経営計画と連動させる。 ○フェーズ2で策定した中長期経営計画と連動してシナジー効果を本格的に実現させる。

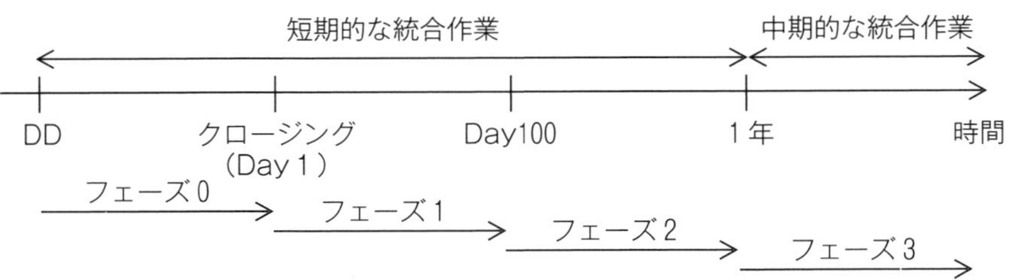

ロジェクトチームを買い手企業と対象会社の双方で組成します。チームの編成には買い手企業から派遣された人材と対象会社の正社員の混成チームが一般的です。対象会社の従業員のモチベーションを理解しながら，買い手企業が事前に策定したプランの実行と中期経営計画を策定します。

フェーズ2では，初年度の決算期末である1年後を区切りにフェーズ1を継承しながら短期的なシナジーの創出を実現します。テーマとしては大きく2つあり，安定的な統合会社の立ち上げと，統合後の単年度の業績に対してのインパクトを与えることです。

フェーズ２までが短期的な統合作業で，フェーズ３は中期的な統合作業です。このフェーズはPMIの最終フェーズで，フェーズ２までに確定した中期経営計画と連動させて持続的な成長を実現します。

PMIの統合作業は，短期的な統合作業と中期的な統合作業に分けて実施します。特に初年度の統合によるインパクトが，持続的な成長を続けるうえで重要です。

3　PMIの取組み

ここでは各フェーズの具体的な取組み内容について解説します。

3.1　フェーズ０

ここでは２つのテーマ，PMIに向けたステークホルダーへの周知と中長期を見据えた統合スタンスの決定について説明します。

まず，PMIに向けたステークホルダーの周知についてです。

Day１以降の統合作業を円滑に進めるために，さまざまなステークホルダーとコミュニケーションをとる必要が出てきます。上場企業であれば基本合意締結によって情報開示が行われます。それに伴い，通常のIR活動に加えて株主や顧客に対して，継続中のM&Aに対してポジティブな情報発信を実施します。

また，従業員に関しては全社戦略の共有のもとM&Aのメリットを伝え，統合における不安などを解消しておきます。通常，Day 1 直後に企業のルールや業務システム等の変更があります。Day 1 までに，認知活動等，事前の準備を行っておくことでフェーズ1以降の作業が進めやすくなります。

2つ目は，統合全体を見据えた統合スタンスの決定です。ここでは，対象会社をどのようなスタンスで統合するかを決定し，その後の具体的なスケジュールと統合手順を確定します。

スタンスを決定するためには，DDでの検出事項，対象会社の経営状況，業界の競争環境の変化，ステークホルダーへの周知状況などを総合的に加味しながら決めることがポイントです。

対象会社の業種や業態が買い手企業と異なり，かつ業績が好調な場合は，できるだけ対象会社に経営の自主性を維持させることが多いです。役員などは買い手から若干名派遣する程度で，代表取締役は変更しません。買い手企業の対象会社への関与を限定的にするスタンスです。

上記の対極にあるのが，対象会社の組織を買い手企業の組織に完全に吸収するスタンスです。人事評価制度などの各種制度，仕組みはすべて買い手企業のものが適用されます。当然，買い手企業の役員構成には変化はありません。統合のスピードを速くできるメリットがある一方，統合作業にかかる現場の負担が大きいというデメリットがあります。

対象会社を子会社として残し，買い手企業が積極的に経営に関与するスタンスもあります。この場合，買い手企業から対象会社へ取締役が過半数以上派遣され実質的なコントロールは買い手企業になります。業務運用やマネジメントの仕組みなどは買い手企業のルールが適用されるので現場レベルまで一体となったオペレーションを目指します。ただし，どうしても支配色が強いため乗っ取られたイメージが対象会社に対して残ります。

統合スタンスの決定後，それらを円滑に進めるために，フェーズごとの目標設定とその期間のアクションプランを明らかにしていきます。

Day100の数値目標と，それを達成するためのアクションの検討（フェーズ１），初年度の決算期間である直近の１年間の数値目標と，それを達成するためのアクションの検討（フェーズ２），そして統合後，２年から５年程度の中期数値目標と，それを達成するためのアクションの検討（フェーズ３）です。

フェーズ３の統合プランは，現段階では不確実なことがあるため，このフェーズでは大枠を決める程度で流動的にとらえておきます。しかし，フェーズ１やフェーズ２は可能な限り具体的に計画を策定します。たとえば，「いつからいつまでに，誰が，何を，どの程度までするか」を明らかにします。

フェーズ０のゴールは，成約時に統合会社の目標となるビジョンと数値目標，それに向けた具体的な統合スタンスとスケジュールが見えている状態です。

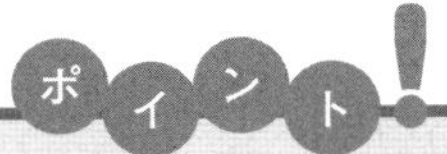

フェーズ０では，ステークホルダーへの周知と統合スタンスの決定を行います。統合スタンスに合わせて，フェーズごとの数値目標と具体的な行動アクションを明らかにしておきます。

3.2 フェーズ1

フェーズ1は，統合後およそ3カ月（100日）間程度でスピーディーに初期の統合作業を終えます。フェーズ0で策定した数値目標とアクションプランを実行します。合わせて，フェーズ2以降の中期経営計画の策定に取りかかります。フェーズ1のゴールは短期的なシナジーをいち早く実現する足掛かりを得ることです。

図表10－4　プロジェクトチーム

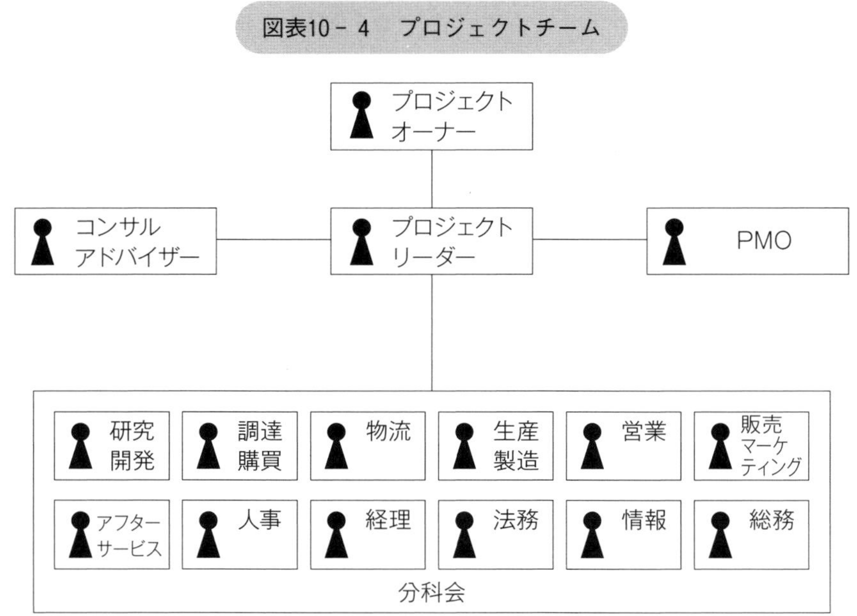

出所：木俣貴光著『企業買収の実務プロセス（第3版）』（中央経済社，2021）を参考に一部加筆

ここでの作業は，買い手企業から派遣された人材と対象会社の正社員の混成チームによるプロジェクトチームで実施します。プロジェクトオーナーは新組織のトップで，通常は買い手企業から派遣されます。プロジェクトリーダーも買い手企業出身者です。PMI自体が不慣れな場合は，外

部のアドバイザーやコンサルタントの助言を得ながらプロジェクトを進めます。実際の細かい作業は分科会を設定して，それぞれの担当部署に指示をします。分科会は買い手企業と対象会社の共同チームで編成され，統合するそれぞれの分野の担当者を組成します。

フェーズ１での100日間は検討テーマが多岐にわたります。そこで，組織横断的にプロジェクトチームを管理する組織 PMO（Project Management Office）を設置します。PMO はプロジェクトの事務局とプロジェクトリーダーの補佐的な役割を担います。M&A 担当者は，PMO に属して全体のプロジェクトチームをマネジメントします。チームは分科会と同様に混合チームが通常です。

PMO は，プロジェクト全体のスケジュール策定と管理を行います。また，各分科会での横断的な議論ができるように間に入り，問い合わせに対応します。プロジェクト全体に対しての情報収集と関係者への発信も PMO の仕事です。

規模が小さい中小企業の場合のプロジェクトチームはプロジェクトオーナーがプロジェクトリーダーや PMO の役割を兼務する場合もあります。また，分科会を作って管理する必要がない場合は，プロジェクトチーム全体で３カ月間の統合を進めます。

フェーズ０で短期的に統合していく課題の多くは，DD を通じて抽出されます。そのため，DD の時期からどのように解決していくかを検討しておくことが重要です。

一般的にフェーズ１で課題になる項目は，新しいビジネスをどのようにマネジメントしていくかです。したがって，企業経営全体の知識やノウハウを必要とします。しかし，実際はすべてを１人で把握しておくことは不可能ですので，PMO が旗を振りながら，各分科会にどのように統合すればよいかを検討いただき，期間を定めて解決方法を提示していただきます。

企業経営全体を把握する場合は，主にマネジメント・システム全体の主活動の部分と業務システムや情報システムなどの管理全般である支援活動の2つに分けてみていくとよいでしょう。

以下に，フェーズ1で共通して課題になる項目を羅列します。

図表10－5　構造化したビジネスシステム

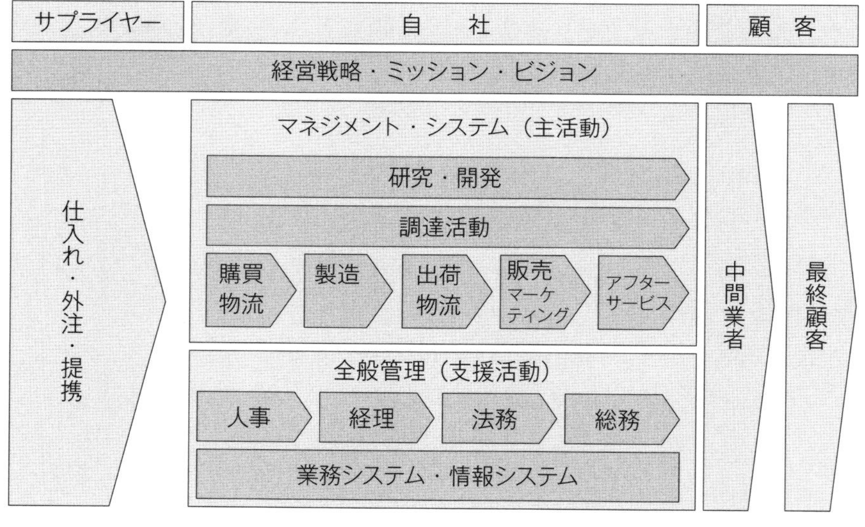

図表10－6　マネジメント・システム（主活動）

戦略 ▶ビジョンと経営目標の共有	統合後の買い手企業と被買収企業対象会社のかかわりや全体像を示し，ステークホルダーとビジョンと経営目標を共有します。戦略に基づく製品・サービスの展開イメージやビジネスモデルを再構築します。
マネジメント ▶意思決定	対象会社被買収企業の意思決定機関を再構築します。買い手企業が行っているマネジメントのスタイルに合わせ，意思決定を迅速に行いやすくします。
業務管理・決算・会計基準	グループとして一体で経営管理が行えるように，管理会計の方法を統合します。また，会計方針基準が異なる場合は合わせます。通常の経営管理において，これまで買い手企業が導入していた業績管理指標と同じ基準を被買収企業対象会社にも導入します。買い手企業が上場企業の場合，連結決算システムを構築します。また，被買収企業対象会社は買い手企業の内部統制システムに合わせます。
業務プロセス ▶バリューチェーン	ビジョンに基づく拠点の統廃合を実施します。別途，生産・物流拠点の統合，調達・生産，物流業務の見直しと効率化を進めます。販売・マーケティングの効率化を進めます。アフターサービスに関しても統合します。買い手企業と対象会社の研究開発を統合したり，共同開発を進めたり，技術供与や移転を進めます。間接業務に関しては各々効率化をはかります。
▶サプライヤー	仕入れ・外注・提携先との取引条件やその他の基準を確認して統合します。物流の一元化や仕入れの共通化を進めコスト削減効率化をはかります。
▶カスタマー	販売店の統廃合，チャネルの整理，マーケティングコミュニケーションの効率化，カスタマーアプローチの統合を進めます。また，営業組織のモレやダブリをなくし統合します。業務プロセスの統合を実施する場合は，各組織がビジョンを共有しながらその達成を進めるために，それぞれの機能レベルで行う場合が多いです。その際は，統合する双方の業務のやり方を比較検討して，より効率的にビジョンの達成につながる手法を採用することが一般的です。
情報システム	情報システムの統合は，業務プロセスの統合や他の支援活動に大きく影響を与えます。したがって，早期にシステム統合の在り方を議論しておくことが重要です。実作業を行うにあたり，ベンダーや利害関係者の対立によって作業が遅延しがちです。そのため，システム統合方針の明確化，迅速な決定，技術的かつ客観的なベンチマー

	クの導入，経営トップのコミットメント等が情報システムをスムーズに構築するポイントです。

図表10－7　全般管理（支援活動）

コミュニケーション ▶社外	クロージング後，速やかに関係者に対して告知します。挨拶状を送付するか，直接訪問をすべきかは，優先順位，重要度で判断します。当然，挨拶状の送付には事前の印刷準備が必要です。また，挨拶まわりは通常は対象企業と買い手企業の担当者ないし，責任者が同時に行くためスケジュール調整も重要です。また，公表は記者会見，プレスリリース，Web 等のさまざまな媒体を活用します。ただし，上場企業の場合，証券取引所の開示ルールに従う必要があります。
▶社内	クロージング直後，買い手と被買収企業対象会社の社内に対しての説明です。あらかじめ説明内容に相違がないように，両社ですり合わせが必要です。ポイントは短期的なイベントで終わらせるのではなく，期間を設けて継続的なコミュニケーションをとる仕組みを作ることです。
組織体制 ▶役員人事	クロージング直後，速やかに被買収企業対象会社の役員構成を変更します。買い手企業として基本合意直後から統合スタンスに応じて，誰を被買収企業対象会社に派遣するかを明らかにしておくことです。PMI を円滑に進めるために，派遣する人材を DD の段階から PMI に参画させておく方法もあります。
▶組織・人員配置	買い手の経営戦略に応じて，対象会社の組織構造を見直します。組織変更に合わせて人員配置も適宜必要です。買い手企業から対象会社に人材を派遣する場合は事前のすり合わせと計画が必要です。
▶責任と役割	組織変更に合わせて，組織の責任と役割を明確にします。そのため新組織の職務分掌と決裁権限を再整備します。
▶定款・業務規程・運用ルール	被買収企業対象会社の定款が買い手の企業の定款と乖離がある場合，あるいは会社法に準拠していない場合，変更します。また，組織変更に合わせて，就業規則や給与規程，退職金規程などの労務規定，与信管理や決済ルールなどの業務ルールなどを買い手のルールに合わせます。
▶人員整理と労務条件の変更	買収後に，対象会社の人員整理や労務条件を変更する場合，慎重な対応が必要です。解雇による人員整理は法的要件を満たす必要があります。M&A のみで解雇することは認められません。労働条件の

	変更も，労働者に不利益になる場合は，労働者の同意を得るなど細かな手続が必要です。
▶新組織の受け入れ態勢	別の組織に人員を派遣する場合，受け入れ態勢を整えます。たとえば，名刺，PC 環境，ネットワーク環境，社内アクセスの権限設定，デスクやその他備品などです。
総務 ▶代表者変更	M&A によって被買収企業対象会社の代表者が変更になった場合，代表印とゴム印の作成，会社案内や Web，商品やカタログなどの変更が必要です。事前に変更する媒体などをリストアップして漏れがないように変更作業の準備をします。
▶事務所変更	M&A によって被買収企業対象会社の本社や事業所を，買い手が保有する不動産に移転する場合があります。その場合は，計画を練って移転手続をすませます。
▶取引先との契約	取引先との契約に「競合避止条項」「Change of Control 条項」「担保権の設定」等があった場合は，事前に対策を練り対応します。

フェーズ１では買い手企業と対象会社の混合チームでプロジェクトチームを組成します。PMO を活用しながら，100日間で初期の統合作業を進め，次につながる経営改革プランや中期経営計画を策定します。

3.3　フェーズ２

フェーズ２では，初年度の決算期間である１年後を区切りにフェーズ１を継承して短期的なシナジーの創出を実現します。テーマとしては大きく２つあり，安定的な統合会社の立ち上げと，統合後の単年度の業績に対してのインパクトを与えることです。

１つは，新会社の運用を開始し，準備段階で予測していた混乱を最小限に抑えながら，会社の経営を安定させることが目的です。もう１つは，コスト面での削減を早期に行い，単年度の業績にインパクトを与えることです。特に重複する機能の統合やスケールメリットを活用した仕入れや物流や間接コストの削減は確実に１年前と比較して成果を出す必要があります。また，人事制度の再構築や情報システムの統合など，時間を要するものは，今後の流れの筋道を作っておきます。

クロージング後，１年間以内に統合作業を確実に進め，当初のリスクを最低限に抑えることができれば，今後の中長期経営計画との連動が行いやすくなります。短期的な統合作業の締めくくりのフェーズであり，重要な位置づけです。

3.4　フェーズ３

フェーズ３は中期的な統合作業です。このフェーズはPMIの最終フェーズで，フェーズ２までに確定した中期経営計画と連動させて持続的な成長を実現します。

フェーズ２において統合作業のベースが構築されています。フェーズ３では時間がかかる人事システムや情報システムの統合を進め，中期経営計画に示されたアクションを実行します。M&Aは両社のシナジーを最大限に高め価値を創出しなければ失敗とみなします。フェーズ３を通じて持続的な成長を実現します。

フェーズ3は中期的な統合作業で，フェーズ2で確定した中期経営計画と連動して持続的な成長を実現します。この作業は経営企画などに引き継ぎます。

4　モニタリング

モニタリングのポイントは，PMIの各フェーズで設定した内容を計画的に行うために監視することです。そのために，実行するうえで各フェーズのゴールを明らかにして，そのゴールを評価するための指標をあらかじめ設定しておきます。

各フェーズにおいて，「誰が，いつまでに，何を，どの程度，どのように」実行するかをあらかじめ整理しておきます。そして，実行計画と共に進捗を整理して，問題点がないかを常に把握しておきます。

同時に，M&Aを実施した組織は，株主と他のステークホルダーに対して，株主価値を維持，もしくは向上させていることを示す必要があります。そこで，上記のモニタリング体制をとりながら，その成否の基準と責任の所在を明らかにすることが必要です。このモニタリング活動は外部と内部の両方から継続的に確認していきます。

モニタリングの中で株主価値は重要な指標です。実施したM&Aの成否はPMIでどのような事業計画を達成して，NPV（Net Present Value Analysis：正味現在価値分析）を高めるかで把握します。

NPVは，M&Aによって得られる対象会社の株主へのフリー・キャッシュ・フロー（以下，「FCF」）の現在価値から，M&A 実施のコスト（買収金額と付随費用）を差し引いて，その差額がプラスかマイナスかでその投資行動を評価する手法です。

一方，売り手と買い手の価格交渉は，FMV（Fair Market Value，適正市場価値）を基準に行います。FMV は，独立した第三者間が算定し，買い手企業と対象会社が提出する十分な情報を基に的確に判断して合意された価格から FMV を算定します。

買い手企業にとっての買収対象企業・事業の価値（買い手の価値）は，シナジー効果の分だけ，単体で評価される価値よりも高くなります。したがって，買い手の価値と NPV は以下のような関係で示します。

（買い手の価値）　＝　（単体の FMV）　＋　（シナジー効果）
（買い手の NPV）　＝　（買い手の価値）　－　（買収金額）

他方，売り手にとっての価値（売り手の価値）は，単体の FMV に等しいです。したがって，売り手の価値と NPV の関係は以下のような関係で示します。

（売り手の価値）　＝　（単体の FMV）
（売り手の NPV）　＝　（買収金額（売却金額））　－　（FMV）

通常の金額交渉では，下記のように買収のシナジー効果を売り手・買い手で配分するような金額で最終合意されるため，双方の NPV がプラスとなり，Win-Win で合理的な意思決定をしたことになります。

図表10－8 モニタリング

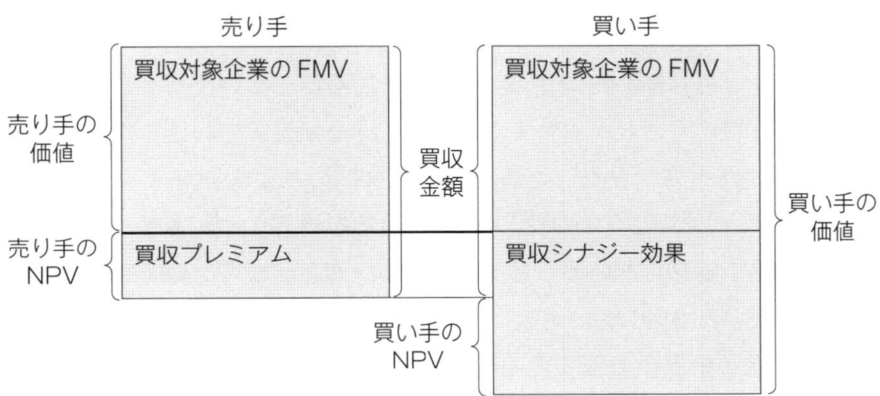

モニタリングは，PMIを通じて各フェーズにおける行動を達成するための確認と，M&Aの成否を確認するための価値算定が大きな目的です。

5 リスクの洗い出しと対処

一般的に統合後，両社のメンバーがプロジェクトチームを作り，プロジェクトリーダーとPMO，そして分科会からなるチーム編成でさまざまな個別テーマを協議して統合作業が進められます。

ここでは，その際に考えられるリスクを事前に整理しておきます。PMIでは，次に掲げるような事態に陥らないように十分に準備をしながら進めることが重要です。

5.1 戦略レベルでの現象

M&A の効果測定は，さまざまな統合効果を総合的に定量分析します。モニタリングの初期の段階では，M&A 前に期待していた効果とかけ離れた効果を直視することがあります。このような状況下での統合作業は，そもそも何のための統合だったのかという疑問の声があがります。そしてM&A についての懐疑心が増し，現場の混乱が増します。また，事前に統合後も価値を創出しないと考えていた事業，商品，顧客，開発研究テーマなどの取扱いにも苦労します。

対等な立ち位置での M&A の場合，はじめは互いに譲り合いを見せますが，次第に意思決定が進まなくなります。また，重複する事業や部門の効率化についても，痛みを強いる必要があるため，うまい策が打ち出せなくなります。プロジェクトチームの誰もが憎まれ役になるのが嫌なため，コンサルティング会社に丸投げしたくなります。何か言えば角が立つため，次第に本音のコミュニケーションがとれなくなります。

5.2 現場レベルでの現象

統合作業において，現場の混乱を避けたいという気持ちが強くなれば，計画どおり進みません。一方，間接部門の効率化や削減は，現場と比べると無理が利きやすいので進めやすいと考えられます。しかし，プロジェクトチームには間接部門のスタッフが多く参加するため，意味のない統合作業になる場合があります。また，現場レベルの統合作業は，戦略レベルの課題が決まらなければ進まない作業が多く，先送りになり，結果的に何もされない場合があります。

情報システムの統合もボトルネックの１つです。そもそも現行の業務を前提に統合するのか，情報システムの基準に合わせて統合するのか不透明な場合が多いのです。さらにその議論に結論が出ないで，結局ゼロから情報システムを作り直すという考えが正当化されます。ただでさえ統合作業の負荷が高いのに，ゼロからシステム構築となると現場はかなり混乱します。

5.3　従業員レベルでの現象

統合作業を進めている期間，従業員の関心は，人事や処遇プロセスの改善など，内向きのプロセスに向けられます。対象会社の従業員は，どうしても買われた側という意識が残り，従業員のモチベーションが低下することがあります。また，企業同士の文化が明らかに異なる場合は，グループ会社であっても異なる会社として認識されます。結果として，社員が内向きになり，顧客に対してのアプローチが弱くなり，価値を創出するどころか，価値を損出する結果になります。

上記のような現象に対して，それぞれに打ち手を考えていきましょう。

5.4　戦略レベルでの打ち手

重要なことは，対象のM&Aの目的を明確にして，何を取得したかったのかをプロジェクトチームで共有しておくことです。仮に，M&Aによって付随的に取得した部分があれば，それらは明確にします。統合作業で迷いが生じた場合は，上記を都度，確認することがポイントです。

また，統合後の価値創出について，実際の作業を進めるとどうしても視点が小さくなります。フェーズ１の初期段階は，効果が見えにくくなることもあり，目標が大幅に小さくなる場合があります。そのため，プロジェクトチームで目標設定をする際は通常のゴールとストレッチゴールの２種類を設定して，定期的に「どうしたら実現可能か？」という議論を行う工夫が重要です。

そして何よりもトップの力強いリーダーシップがポイントです。統合作業において意思決定をあいまいにするとすぐに3カ月間が経過してしまいます。ボトムアップで何ともなりません。必要に応じてグイグイとトップダウンで意思決定をしてもらうことがポイントです。

5.5 現場レベルでの打ち手

現場レベルの統合は組織人事から，業務，給与，情報システムなどと多岐にわたります。したがって作業量も膨大です。都度，どちらに合わせるのか，すり合わせるのか，新しく刷新するのかの議論が絶えません。一方で時間は無尽蔵にあるわけではないので，これらを回避するために，あらかじめ譲れることと譲れないことを明らかにしておくことがポイントです。すべてに期限を設けて満点の統合を目指すのではなく，60点程度の統合作業から進めていく考えを共有します。

スケジュールを明確化しておくことも重要です。先に示したとおり，前提条件が決まらなければ先送りという状況が出ると，作業漏れを生み出します。したがって統合作業の役割分担と作業の見える化，そしてスケジュールを明らかにしながら統合作業を進めることです。これらはPMOが管理し，都度分科会の進捗を管理することで吸収します。

5.6 従業員レベルでの打ち手

従業員レベルで最も気になる項目は処遇と評価です。したがって人事や処遇や評価に関しての基本方針は早い時期に示し，新組織の透明性を高めておくことがポイントです。

次に，プロジェクトチームには，対象会社のコア人材を巻き込んでおきます。対象会社のコア人材のモチベーションの低下は他の従業員に対しての波及効果がマイナスに働きます。コア人材を活用して，短期的にインパクトのあるシナジー効果を生み出し，対象会社の従業員の意識をポジティブにすることが大切です。

事前に統合前，統合中，統合後に考えられるリスクをプロジェクトチームで整理・共有します。その際は，考えられるリスクを戦略レベル，現場レベル，従業員レベルに分けて整理し，それぞれに対してどのような打ち手で対応するか協議することが必要です。

第11章 M&Aの役割

M&Aに対しての一般的なイメージは,「敵対的買収」「乗っ取り」「マネーゲーム」「ハゲタカ」とネガティブなものが多いようです。これは,言葉が独り歩きして,本質的な理解が進まないままに,お茶の間に普及した背景もあるでしょう。

大企業にとっては成熟したビジネスのなかで自社のシェアを拡大する目的で活用したり,新規ビジネスに進出する際の手法として活用したり,戦略を補う手法として活用されます。中小企業ではオーナー経営者の高齢化と後継者不在を解決する1つの手段として注目されています。

いずれにせよ,大企業では普及しているM&Aも,中小企業においては正しく認知されていない場合が多くあります。その背景には,ネガティブなイメージがあるがゆえに耳を傾けない経営者の勉強不足があるのかもしれません。また,同様にM&Aを資本の大小に関係なくアドバイスする人材の不足も考えられます。

1 日本におけるM&A

国内のM&A市場に関しての公式調査は行われていないため，正確なデータ等は存在していません。ただし，レコフデータの公表しているM&Aの成約件数をみると，近年では年間4,000件程度のM&Aが成約されていることがわかります。リーマンショック後，コロナウイルスの影響により一時的に減少傾向でしたが，その後は再び増加傾向です。これと呼応するように，M&Aに関連する法律，会計，税務の整備も進められています。

レコフデータが発表しているM&Aの成約案件（後日，解消になった案件含む）のほとんどが上場企業のプレスリリースなどで公表された案件です。そして中小企業の積極的なM&Aの活用は，まだ始まったばかりです。国内には約300万社の企業があり，そのほとんどは中小企業と小規

図表11－1　中小企業・小規模企業の定義

■中小企業者の定義
業種：従業員規模・資本金規模
製造業・その他の業種：300人以下又は３億円以下
卸売業：100人以下又は１億円以下
小売業：50人以下又は5,000万円以下
サービス業：100人以下又は5,000万円以下
■小規模企業者の定義
業種：従業員規模
製造業・その他の業種：20人以下
商業(※)・サービス業：５人以下
※商業とは，卸売業，小売業（飲食店含む）

出所：中小企業庁「FAQ『中小企業の定義について』」より抜粋

模企業です。これらを鑑みても，国内でのM&Aの件数は公表ベースの数倍あってもおかしくはないといわれています。M&A業界では未公表の案件数は，毎年１万件前後は成約していると認識しています。

M&Aの活用は地域格差も観察されます。成約件数の多くが首都圏を中心とした大都市圏に集中しています。M&Aの潜在的な活用を考えれば，事業規模の大小，業種，地域に依存することはないはずです。

このように，日本におけるM&Aは資本規模が大きく，都市部に隣接する企業で積極的に活用されている一方で，中小零細企業や地方都市に隣接する企業ではまだまだ活用にムラがあります。

このギャップは２つあります。１つ目は，M&Aを戦略的に活用する側である中小零細企業のM&Aに対する正しい理解が進んでいないことです。２つ目は，M&Aの成約をサービスとして提供する側の問題です。大型のM&Aを扱う，つまり，高額な報酬を得ることができる案件を扱うプレーヤーは多く存在する一方で，小規模案件を扱う，つまり，中小零細企業のM&Aを扱うプレーヤーの絶対数が足りていないのです。地方の差は，情報格差でもあり，首都圏，大都市圏以外の地域におけるM&Aプレーヤーの絶対数も足りていません。

国内のM&A活用，資本規模が大きい組織，大都市圏に偏りがあります。この背景は，中小企業の売り手経営者の認知が小さいこと，小規模のM&Aアドバイザーが少ないことが考えられます。

2　取引価格でみるM&A市場とプレーヤー

M&Aアドバイザーとして活躍するプレーヤーには，投資銀行・証券会社・商業銀行などの金融機関，M&Aを専門的に取り扱う独立系のM&Aブティック，監査法人系のコンサルティング会社，会計事務所などが存在します。一般的に，銀行，証券会社などの金融機関や監査法人系のコンサルティング会社などは取引価格が大きい（取引金額10億円以上）案件を主に手掛け，M&Aを専門的に取り扱う独立系のM&Aブティック，会計事務所などは取引価格が１億円から10億円前後の案件を主に手掛けることが多いです。

以下は，取り扱う規模別にM&A業界を取引価格とM&Aプレーヤーごとにピラミッド形式に表したものです。

図表11－２　取引価格でみるM&A市場とプレーヤー

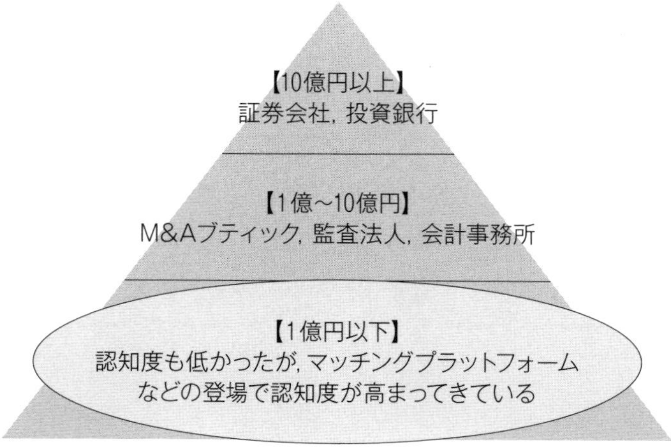

2.1　取引価格10億円以上

主に大企業をターゲットとするプレーヤーは投資銀行や大手証券会社が存在します。彼らは取引価格が100億円以上の大型案件を中心にM&Aのコンサルティング業務を行います。取引価格10億円から100億円の中型案件では，監査法人やM&Aを専門に行うコンサルティング会社が中心にM&A業務を行います。

2.2　取引価格１億円から10億円

この規模は中小企業のM&Aとして頻繁に行われます。プレーヤーはM&Aブティックに加えて地元の会計事務所などが加わります。

2.3　取引価格１億円以下

全企業数の約９割以上を占める中小零細企業がM&Aの対象となるとこの価格帯が中心になります。しかし実際は上述したように，中小企業の経営者の認知の低さ，このゾーンでのM&Aアドバイザーの不足から潜在的なM&A需要はあっても成約件数はまだまだ少ないです。

M&Aアドバイザーが得られる報酬は取引価格の多寡によって計算することが多いです。そのため，取引価格の大きいM&Aの仕事を受けるM&Aアドバイザーは多数存在するものの，取引価格の小さいM&Aの仕事を喜んで受けるM&Aアドバイザーは少ないのです。

たとえ小規模取引であっても，安定した収益性を保つ優良な企業を継承することは，そこで働く従業員の雇用を維持することになり，日本経済が今後とも継続的に発展を続けていくために必要不可欠なことです。また，今後，後継者不足が顕著に表れると予想されている地方では，M&Aの活用と活性化が需要を増加するカギとなるでしょう。

そこに注目したマッチングプラットフォームや国の運用する事業引継支援センターの業務拡大により，いわゆるスモールM&Aの成約実績が増えてきています。今後，事業承継問題解決のための1つの手段として期待されています。

日本におけるM&Aは，取引金額によって，M&Aアドバイザーの棲み分けがあります。2008年のリーマンショック以降，これまであまり取引が表に出てこなかった1億円前後のM&A案件の成約が目立つようになってきています。

3 M&Aに対する誤解

M&A関連セミナーを行う際に，M&Aに対してのイメージ調査を行います。その結果，本章冒頭でも記したとおり，「敵対的買収」「乗っ取り」「マネーゲーム」「ハゲタカ」などのネガティブな印象が多く，「経営戦略の一手」などとニュートラルな印象が少ないことがわかります。

この傾向は，特に中小企業，しかも地方で強くなります。以前，お茶の間を騒がせた村上ファンド，ライブドア事件等のマイナスの印象が強く，実際の本質的な内容を共有されていないのが実情でしょう。

しかし，中小企業のM&A，非上場企業のM&Aは，友好的M&Aになることがほとんどです。

M&Aを行う際は，最終的には株主と経営者との同意が必要になります。もし，少しでも交渉内容に疑問が生じて交渉で解決することが難しくなった場合，いつの時点でも交渉を打ち切ることができるからです。さらに中小企業の経営者は大株主を兼ねている場合がほとんどです。したがって，その企業の経営権を取得する過程で，黙って悪意を持って乗っ取る行為自体が不可能なのです。中小企業のM&Aは必然的に友好的な内容でしか成約しないのです。

実際，最近の中小企業のM&Aは後継者不在の解消，大資本から資本を注入することで事業の安定化を実現する，などのポジティブな成約案件が目立ちます。

中小企業，地方の経営者が抱くM&Aのイメージは概ねネガティブな場合が多いです。企業担当者としてM&Aを進める際に，相手がどのようなイメージを持っているのかを理解しておくことが重要になります。交渉，成約後の統合作業の際にも注意が必要です。

4　M&Aがもたらす社会的意義

M&Aのネガティブなイメージは上述したとおりです。しかし，M&Aは，安定した収益性を持つ優良な企業を継承することや，日本が誇る技術や伝統を継承することも可能にします。

優良企業の廃業を防ぎ，雇用の継承を行うことは，日本の経済損失を避けることにつながります。また，日本経済が継続的に発展を続けていくためにはM&Aは有効な戦略です。M&Aがさらに支持されるためにも，M&A担当者が果たす社会的役割は大きいです。担当者として単に手続を行うのではなく，場合によっては社内外を含めてM&Aの啓蒙活動を行うことも重要です。これらの活動は結果的に，M&Aが日本の経営者に広まることにつながり，買い手企業としても将来的にシナジーを共有できる企業を育てることにつながります。

一方，残念なことに，巷には悪徳な行いをするM&A業者も存在します。彼らの大半は，M&Aアドバイザーとしての業務を全うせずに，案件を紹介するだけの「紹介屋」や「ブローカー」に徹します。また，直接，売り手とファイナンシャルアドバイザリー契約を締結している売り手M&Aアドバイザーから紹介された案件を，事前の許可や秘密保持契約なしに第三者に紹介し，直接の買い手候補ではない，他のM&Aアドバイザーにあたかも自社案件のように紹介する者もいます。

また，自社の案件数を増やしたいがために，企業価値の算定さえも行わずに，どのような案件でも受けてしまうM&Aアドバイザーもいます。さらには，売却金額を吊り上げて，より高い報酬を取ろうとする，自分の都合の悪い案件を意図的にブレークさせる者も存在します。

企業担当者として，M&Aアドバイザーを選定する際は，十分に気をつけてください。一方で，ネガティブなサイドのみをみて，すべてのコンタクトを打ち切ることも得策ではありません。いずれにせよ，M&Aには社会的な意味がある一方で，悪い活用の仕方をする組織も存在しています。これらをよく考慮したうえで，担当業務を進めることがポイントです。

ポイント!

M&Aは優良な企業を継承することや，日本が誇る技術や伝統を継承すること，従業員や取引先との継続的な契約がなされます。したがって社会的な意義は非常に高いです。一方で，M&Aを金銭目的のみのために活用する組織もあることをお忘れなく。担当者として上記を理解したうえで日常業務を進めていくことが重要になります。

5　M&Aの心構え　売り手と買い手

売り手と買い手の双方に共通していえる注意事項は，情報の取扱いに注意を払うことです。M&Aアドバイザーを通じて取り扱う情報は，双方にとって機密情報です。安易な気持ちで情報を取り扱った結果，交渉がブレークするのみではなく，互いの経営にマイナスの影響を与える可能性もあります。また，M&Aの成約の行方は最終譲渡契約書に調印して，譲渡代金が支払われるまでは未確定です。まだ決まっていない段階から，情報が漏れることで，その情報がひとり歩きすることもあります。結果的に，シナリオどおりにことが進まず，キーパーソンの退職，取引先に情報が漏れ悪い噂が流れるなどの影響が考えられます。

M&A担当者は，M&Aに関係する情報を誰に公開するかを事前に把握しておき，それぞれに対して情報の取扱いの重要性とリスクについて十分に共有しておくことが必要です。

図表11－3　情報漏えいに対する認識

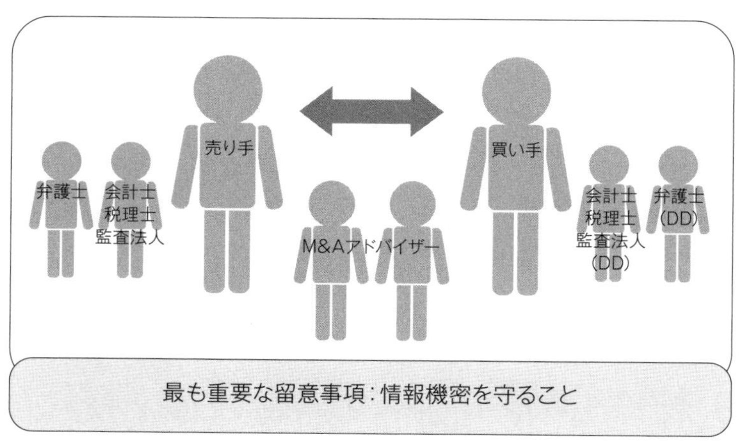

5.1　買い手として心得ておくべきこと

案件検討において，財務の視点，ビジネスの視点，法務の視点は最低限押さえておきます。財務の視点では，過去3期分以上の決算書や直近の試算表を参考にして，事業の実績と財務状況を把握します。特に収益性を判断する材料となる売上高と経常利益（営業利益）は必須です。株式譲渡の場合は，負債の額とその中身も確認しておきます。

ビジネスの視点では，事業の強みと弱み，その事業の機会と脅威を把握しながら市場ニーズと統合後のシナジーを確認します。

法務の視点では，専門家によるデュー・デリジェンスを行い，不正や簿外債務などがないことを確認し，買収する企業の法令遵守の姿勢を必ず確認します。

買い手にとってのM&Aは目的ではなく，自社の戦略の手段です。したがって，戦略に沿ってM&A候補を検討して，必要なM&Aに時間を割くようにします。

さらに，M&Aの成功は統合した後にどの程度の価値を創出するかで決まります。PMIを初めから意識しながら手続を進めていくことも重要です。また，タイミングも非常に重要なので，常に企業の戦略を考えながらそのタイミングを逃さないようにしましょう。

5.2　売り手として心得ておくべきこと

売り手企業は，理由のいかんを問わず，M&Aを意識し始めた頃より，買い手に買いたいと思わせるような魅力的な事業にすることを意識します。

第三者である買い手がM&Aの意思決定をしやすいように，事業別，商品別，店舗別などの収支管理書類，決算書・月次残高試算表の計算書類を常に提出できる体制にする必要もあるでしょう。

また，オーナーが抜けても経営が継続するように，人材育成と権限移譲を進めておくこと，取引先との関係・労務問題・税務問題・その他法令遵守に則った健全な状態にしておくこと，あるいは，法令遵守違反などのネガティブな情報は事前に買い手に開示することなども重要です。

買い手としては，上記に注意を払い，M&A成約して統合した後も，ビジネスが継続して，両者のシナジーを埋めるかという視点で評価することが重要です。

5.3　M&A成約の秘訣

M&Aは戦略の一手段にしかすぎませんので，買い手企業があまりにも横柄な態度をとると売り手企業は契約を途中で破棄することも考えられます。接し方としては謙虚に誠実に行うことが重要です。イメージとしては，「あなたの大切なお子さんをお預かりします」といった気持ちを持つことが大切です。

そして，売り手企業の交渉相手を不安にさせないようにします。過去の実績や統合後のビジョンを共有して，売り手企業とともに事業を成長させることを示します。

最終的には理屈よりも，感情面が重要になることもあります。したがって，企業同士のミッションやモラル観，企業文化の相性，交渉時に互いが歩み寄る姿勢なども成約の困難さと確度に影響を与えます。

M&A 業務で取り扱う情報は売り手と買い手の双方にとって機密情報です。取扱いには最大限の注意が必要です。買い手として売り手に誠意を持って接し，統合後のシナジーを最大限に考えた交渉をしましょう。

おわりに

近年，紙面やニュースではM&Aという言葉が日常的に話題になることが増えています。そして資本の大小に関係なく，M&Aを自社の戦略実現の手段として活用する企業が目立ってきています。

一方で，M&Aの経験がない企業や，M&Aのことをほとんど知らない人にとっては，その言葉のニュアンスから，敵対的買収やマネーゲームなどと，まだまだ否定的な意味合いで認識されていることが多いのも事実です。しかしM&Aは戦略実現のための手段であり，他の経営を行使するオプションの１つにすぎません。M&Aはさまざまな目的のために行使され，単純に資本を入れる手法としての理解だけでは，競合他社に後れをとる結果となるでしょう。

本書では，はじめてM&A担当者として任命された方，M&A業務に携わっているけど全体の流れを把握したい方など，M&A担当者に焦点を当てた初の実務書です。

M&A担当者はM&Aの実務をすべて自分たちで行うことはまれです。M&Aは専門的な知識，法律に加えて，財務や税務，労務や組織の考え方，そしてマネジメントや戦略的な視点に至るまで実に幅広い知識と経験が求められます。そのため適宜専門家を活用した実務が前提です。

だからといって，業務の多くを専門家に丸投げすると本来の目的を達成しにくくなります。本書でも強調してきたようにM&Aは戦略を実現するためのオプションです。M&A担当者は，その目的を達成するために専門家を適宜活用してM&Aを進めることが必要です。

経験を積んで時間をかけてM&Aの実務を身につけることも大切ですが，本書を手にとってM&Aの実務プロセスの全体像や専門家の特徴，戦略的なM&Aの活用などを体系的に整理して学んでいただければ幸いです。さまざまなバックグラウンドの方が理解していただけるように，担当者の実務の流れを可能な限り平易な言葉を使って説明しました。

また，M&Aに対しての心がまえや，戦略として活用する考え方，M&Aが成約した後のPMIについてもページを割いて説明しています。M&A担当者が狭い視野で企業のM&Aを進めてしまえば，それ自体が部分最適になりM&Aを行うことが目的になるからです。戦略に反するM&Aは成約に至ったとしても，買収企業にとって価値を生むことはありません。担当者は常に視野を広げて，M&Aの行使によって戦略が目指している効果を十分に発揮できるかを意識することが大切です。

本書を通じて，さらにM&Aの普及が進むことを願います。

2014年10月

一般財団法人日本M&Aアドバイザー協会
理事　早嶋聡史

■巻末付録　中小 M&A ガイドラインと本書の解説対応表

中小 M&A ガイドライン（以下，主に「ガイドライン」）と本書の該当する章または節を対応させています。

ガイドラインの目次		ガイドラインのページ	本書の該当箇所
◆	はじめに	8	—
◆	本ガイドラインの構成等	10	—
◆	用語集	11	—
第１章　後継者不在の中小企業向けの手引き		19	
I	後継者不在の中小企業にとっての本ガイドラインの意義等	20	—
1	後継者不在の中小企業にとっての本ガイドラインの意義	20	—
2	中小 M&A の事例	20	—
(1)	小規模企業・個人事業主において中小 M&A が成立した事例	20	—
(2)	経営状況が良好でない中小企業において中小 M&A が成立した事例	21	—
(3)	親族内承継の頓挫から中小 M&A に移行し成立した事例	21	—
(4)	意思決定のタイミングが中小 M&A の成立内容に影響を与えた事例	21	—
(5)	譲り渡し側の条件の明確化が中小 M&A の成立に寄与した事例	21	—
(6)	従業員の反対にもかかわらず成立した事例	21	—
(7)	廃業を予定していたものの中小 M&A が成立した事例	21	—
(8)	何らかの理由により中小 M&A が成立しなかった事例	21	—
3	譲り渡し側にとっての基本姿勢	22	—
(1)	中小 M&A に関する基本的な認識の変化	22	—
(2)	従業員・取引先等への影響の緩和	22	—
(3)	譲り受け側から見た，譲り渡し側の事業の魅力	23	—
4	譲り渡し側にとっての留意点	23	—
(1)	早期判断の重要性	23	—
(2)	秘密保持の徹底	24	—

<table>
<tr><td>(3)</td><td>中小M&A手続進行上の留意点</td><td>24</td><td>—</td></tr>
<tr><td>Ⅱ</td><td>中小M&Aの進め方</td><td>25</td><td rowspan="23">第1章</td></tr>
<tr><td>1</td><td>中小M&Aフロー図</td><td>25</td></tr>
<tr><td>2</td><td>中小M&Aに向けた事前準備</td><td>26</td></tr>
<tr><td>(1)</td><td>支援機関への相談</td><td>27</td></tr>
<tr><td>(2)</td><td>後継者不在であることの確認</td><td>27</td></tr>
<tr><td>(3)</td><td>引退後のビジョンや希望条件の検討</td><td>28</td></tr>
<tr><td>(4)</td><td>中小M&Aに先立つ「見える化」「磨き上げ」（株式・事業用資産等の整理・集約）</td><td>28</td></tr>
<tr><td>①</td><td>株式の整理・集約</td><td>28</td></tr>
<tr><td>②</td><td>事業用資産等の整理・集約</td><td>29</td></tr>
<tr><td>3</td><td>中小M&Aにおける一般的な手続の流れ（フロー）</td><td>29</td></tr>
<tr><td>(1)</td><td>意思決定</td><td>29</td></tr>
<tr><td>(2)-1</td><td>仲介者・FAを選定する場合</td><td>30</td></tr>
<tr><td>①</td><td>仲介契約・FA契約の締結</td><td>30</td></tr>
<tr><td>②</td><td>仲介者・FAの比較</td><td>32</td></tr>
<tr><td>(2)-2</td><td>仲介者・FAを選定せず，工程の多くの部分を自ら行う場合</td><td>33</td></tr>
<tr><td>(3)</td><td>バリュエーション（企業価値評価・事業価値評価）</td><td>34</td></tr>
<tr><td>(4)</td><td>譲り受け側の選定（マッチング）</td><td>34</td></tr>
<tr><td>(5)</td><td>交渉</td><td>35</td></tr>
<tr><td>(6)</td><td>基本合意の締結</td><td>35</td></tr>
<tr><td>(7)</td><td>デュー・ディリジェンス（DD）</td><td>36</td></tr>
<tr><td>(8)</td><td>最終契約の締結</td><td>36</td></tr>
<tr><td>(9)</td><td>クロージング</td><td>38</td></tr>
<tr><td>(10)</td><td>クロージング後（ポストM&A）</td><td>38</td></tr>
<tr><td>Ⅲ</td><td>M&Aプラットフォーム</td><td>39</td><td rowspan="5">序章5</td></tr>
<tr><td>1</td><td>M&Aプラットフォームの基本的な特徴</td><td>39</td></tr>
<tr><td>2</td><td>M&Aプラットフォーム利用の際の留意点</td><td>39</td></tr>
<tr><td>(1)</td><td>情報の取扱い</td><td>39</td></tr>
<tr><td>(2)</td><td>利用するM&Aプラットフォームの選択</td><td>40</td></tr>
<tr><td>3</td><td>M&Aプラットフォームの手数料</td><td>41</td><td rowspan="3">序章</td></tr>
<tr><td>(1)</td><td>料金体系</td><td>41</td></tr>
<tr><td>(2)</td><td>具体例</td><td>41</td></tr>
</table>

(3)	バリュエーション（企業価値評価・事業価値評価）	54	第1章
(4)	譲り受け側の選定（マッチング）	55	
(5)	交渉	55	
(6)	基本合意の締結	55	
(7)	デュー・ディリジェンス（DD）	56	
(8)	最終契約の締結	56	
(9)	クロージング	56	
(10)	クロージング後（ポスト M&A）	56	
4	仲介者における利益相反のリスクと現実的な対応策	57	第2章
5	専任条項の留意点	57	
6	テール条項の留意点	58	—
Ⅲ	金融機関	59	—
1	金融機関による中小 M&A 支援の特色	59	—
2	主な支援内容	59	—
(1)	気付きの機会の提供，「見える化」「磨き上げ」支援	59	—
(2)	中小 M&A 実行支援	60	—
(3)	中小 M&A 実行以後に関する支援（ポスト M&A 支援）	60	—
3	中小 M&A 支援に関する留意点	60	—
(1)	他の支援機関との連携	60	—
①	支援体制をこれから本格的に整備する場合	61	—
②	支援体制を構築中の場合	61	—
③	支援体制を運用中の場合	61	—
(2)	情報管理の徹底	61	—
①	対外的な情報管理の徹底	61	—
②	対内的な情報管理の徹底	61	—
(3)	譲り渡し側が事業再生局面にある場合の中小 M&A 支援の在り方	62	—
(4)	経営者保証に関するガイドラインの遵守	62	—
Ⅳ	商工団体	62	—
1	商工団体による中小 M&A 支援の特色	62	—
2	主な支援内容	62	—
(1)	気付きの機会の提供	63	—

(2)	適切な支援機関への橋渡し	63	—
3	中小 M&A 支援に関する留意点	63	—
(1)	情報の取扱いの注意点	63	—
(2)	他の支援機関との連携	63	—
V	士業等専門家	64	—
1	公認会計士	64	—
(1)	公認会計士による中小 M&A 支援の特色	64	—
(2)	主な支援内容	64	—
①	適正な財務書類の作成支援	64	—
②	プレ M&A 支援	65	—
ア	コーポレート・ガバナンスの構築支援	65	—
イ	株式・事業用資産等の整理・集約の支援	65	—
ウ	中小企業における適切な内部統制の構築・運営の支援	65	—
エ	中小 M&A に伴う経営者保証解除の円滑な実現に向けた支援	66	—
③	バリュエーション（企業価値評価・事業価値評価）	66	第5章
ア	コストアプローチ（ネットアセットアプローチ）	66	
イ	マーケットアプローチ	66	
ウ	インカムアプローチ	66	
④	財務 DD	67	第8章
⑤	債務超過企業に対する中小 M&A 支援	68	—
⑥	中小 M&A 実行以後に関する支援（ポスト M&A 支援）	68	第10章
(3)	他の支援機関との連携	68	—
2	税理士	69	—
(1)	税理士による中小 M&A 支援の特色	69	—
(2)	主な支援内容	69	—
①	①適正な税務申告書等の作成等	69	—
ア	助言義務	69	—
イ	コーポレート・ガバナンスの構築支援	70	—
ウ	株式・事業用資産等の整理・集約の支援	70	—
②	中小 M&A に伴う経営者保証解除の円滑な実現に向けた支援	70	—

③	中小 M&A の課税関係等を踏まえた適切な助言及び提案	70	第 4 章
ア	株式譲渡	71	
イ	事業譲渡	71	
④	中小企業等経営強化法における登録免許税・不動産取得税の特例，許認可承継の特例	72	―
⑤	税務 DD	72	第 8 章
⑥	バリュエーション（企業価値評価・事業価値評価）	73	第 5 章
⑦	マッチングサイト等の活用	73	序章
⑧	債務超過企業に対する中小 M&A 支援	73	―
(3)	他の支援機関との連携	74	―
3	中小企業診断士	74	―
(1)	中小企業診断士による中小 M&A 支援の特色	74	―
(2)	主な支援内容	74	―
①	気付きの機会の提供	74	―
②	中小 M&A 前後の企業価値・事業価値向上への貢献	75	―
③	企業概要書の作成等の支援	75	第 2 章
④	中小 M&A に伴う経営者保証解除の円滑な実現に向けた支援	75	―
⑤	ビジネス（事業）DD	76	第 8 章
⑥	債務超過企業に対する中小 M&A 支援	76	―
(3)	他の支援機関との連携	76	―
4	弁護士	76	―
(1)	弁護士による中小 M&A 支援の特色	76	―
(2)	主な支援内容	77	―
①	株式・事業用資産等の整理・集約の支援	77	―
ア	名義株主・所在不明株主への対応	77	―
イ	株式の整理・集約の支援（「ア名義株主・所在不明株主への対応」を除く。）	77	―
ウ	事業用資産等の整理・集約の支援	78	―
②	契約書等の作成・リーガルチェック	78	第 9 章
③	中小 M&A に伴う経営者保証解除の円滑な実現に向けた支援	79	―
④	法務 DD	79	第 8 章

索　引

欧　文

あ　行

か　行

さ　行

た 行

な 行

は 行

ま 行

や 行

ら 行

わ 行

■編者紹介

一般財団法人日本M&Aアドバイザー協会（JMAA）

規模の大小，業種，エリアにかかわらず，潜在的にM&Aのニーズをお持ちの企業・団体様への戦略的なM&A活用の一層の圧倒的普及促進のため，誠実，堅実にその職務を遂行するM&Aアドバイザーの養成，認定資格の付与，並びに当協会会員に向けた全国のM&A案件データベースの提供，各種イベントの提供等を目的に設立された一般財団法人です。

http://www.jma-a.org

■著者略歴

大原達朗（おおはら・たつあき）

【現職】

一般財団法人日本M&Aアドバイザー協会　代表理事／会長
アルテパートナーズ株式会社　代表取締役
アルテ監査法人代表社員
ビジネス・ブレークスルー大学教授
nmsホールディングス株式会社　取締役
株式会社日本アメニティライフ協会　監査役

【職歴】

1998年公認会計士２次試験合格，青山監査法人プライスウオーターハウス入所。2004年１月に独立開業。株式会社さくらや常勤監査役，日本マニュファクチャリングサービス株式会社社外監査役（現任）を経験，2009年アルテパートナーズ株式会社を設立，M&A業務に取り組む。2010年に日本M&Aアドバイザー協会を設立し，M&Aアドバイザーの育成とM&Aマーケットの発展に取り組んでいる。

【所属団体】

一般財団法人日本M&Aアドバイザー協会
日本公認会計士協会

【資格】

公認会計士
JMAA認定M&Aアドバイザー（CMA）

【その他】

早稲田大学教育学部社会科社会科学専修卒業
ビジネス・ブレークスルー大学大学院MBA／経営管理修士（専門職）修了

松原良太（まつばら・りょうた）

【現職】
一般財団法人日本 M&A アドバイザー協会（JMAA） 専務理事／事務局長
株式会社ビザイン 代表取締役パートナー

【職歴】
都市銀行，不動産デベロッパー，IT 関連，住宅関連会社取締役を経験後，2007年株式会社ビザイン設立。同社代表取締役パートナー。中小企業の友好的 M&A への理解・普及活動，M&A アドバイザー養成を手がける。

【所属団体】
一般財団法人日本 M&A アドバイザー協会（JMAA）

【資格】
JMAA 認定 M&A アドバイザー（CMA）
宅地建物取引主任者

【その他】
青山学院大学経済学部卒業
オーストラリアボンド大学 大学院 経営学修士課程（MBA）修了

早嶋聡史（はやしま・さとし）

【現職】
一般財団法人日本 M&A アドバイザー協会（JMAA） 理事
株式会社ビザイン 代表取締役パートナー
株式会社ビズ・ナビ&カンパニー 代表取締役社長

【職歴】
横河電機㈱\ 研究開発部門（R&D）にて産業用ネットワークの研究に従事。MBA 取得後，海外マーケティング部にて同社主力製品の海外市場におけるブランド戦略，中期経営計画に参画。退社後，株式会社ビズ・ナビ&カンパニー，株式会社ビザインを設立。

【所属団体】
一般財団法人日本 M&A アドバイザー協会（JMAA）

【資格】
JMAA 認定 M&A アドバイザー（CMA）

【その他】
九州工業大学情報工学部機械システム工学科卒業
オーストラリアボンド大学 大学院 経営学修士課程（MBA）修了

この１冊でわかる！
M&A 実務のプロセスとポイント〈第２版〉
はじめて M&A を担当することになったら読む本

2014年12月14日　第１版第１刷発行
2021年11月10日　第１版第27刷発行
2022年４月20日　第２版第１刷発行
2024年４月10日　第２版第３刷発行

編　者　一般財団法人 日本Ｍ＆Ａアドバイザー協会
著　者　大原達朗
　　　　松原良太
　　　　早嶋聡史
発行者　山本継
発行所　㈱中央経済社
発売元　㈱中央経済グループパブリッシング

〒101-0051　東京都千代田区神田神保町1-35
電話　03（3293）3371（編集代表）
　　　03（3293）3381（営業代表）
https://www.chuokeizai.co.jp
印刷／東光整版印刷㈱
製本／㈲井上製本所

ISBN978-4-502-41601-9　C3034